COLLECTIONS DE M. JULES DESNOYERS

CATALOGUE
des Manuscrits anciens & des Chartes

PAR

Léopold DELISLE

NOTICE
SUR UN RECUEIL HISTORIQUE
DU XVIIIᵉ SIÈCLE

PAR

Marcel de FRÉVILLE

PARIS

JUIN 1888

COLLECTIONS DE M. JULES DESNOYERS

CATALOGUE
DES MANUSCRITS ANCIENS & DES CHARTES

NOTICE
SUR UN RECUEIL HISTORIQUE
DU XVIIIe SIÈCLE

COLLECTIONS DE M. JULES DESNOYERS

CATALOGUE
des Manuscrits anciens & des Chartes

PAR

Léopold DELISLE

NOTICE
SUR UN RECUEIL HISTORIQUE
DU XVIIIe SIÈCLE

PAR

Marcel de FRÉVILLE

PARIS
—
JUIN 1888

PRÉFACE

Les services de tout genre que M. Jules Desnoyers a rendus à la science et aux savants ont déjà été rappelés dans plus d'une circonstance. On a justement vanté la noble simplicité de son caractère, l'insatiable curiosité de son esprit, une application au travail que les plus terribles épreuves ne purent entamer et une inépuisable bienveillance qui s'alliait à une grande finesse d'appréciation et à un profond sentiment d'équité. Le souvenir de ces éminentes qualités ne périra ni au Muséum, dont la bibliothèque est en grande partie son œuvre, ni à l'Institut, où il ne comptait que des amis, ni au Comité des travaux historiques, dont il fut l'un des membres les plus actifs, ni à la Société de l'histoire de France, qui lui doit la meilleure part de ses succès et de sa prospérité.

D'autres genres de mérite recommandent encore au public éclairé la mémoire du confrère et de l'ami que nous avons perdu. Je ne parle pas seulement des trop rares travaux qu'il a publiés et qui tous se distinguent par une véritable originalité, par la solidité de la critique, par l'abondance des informations et par la justesse et la nouveauté des aperçus. Il ne saurait être ici question que du goût sûr et délicat qui a présidé à la formation de collections qui font grand honneur au naturaliste, à l'antiquaire, à l'historien, au littérateur et au bibliographe. M. Desnoyers n'a pas songé un instant à tirer vanité de ses collections ; mais il lui aurait encore plus répugné d'en trafiquer ou d'en jouir avec la jalousie d'un avare. Il en avait recueilli les éléments pour avoir sous la main des matériaux de travail, et souvent aussi pour assurer la conservation de précieux débris, dont la valeur était alors généralement méconnue. Ces collections, disséminées à Paris, à Montmorency et à Launay, n'ont jamais été régulièrement et complètement classées ; mais celui qui les avait créées en connaissait les moindres détails et savait toujours retrouver le morceau qui pouvait servir à résoudre un problème ou qui se rattachait aux études particulières d'un savant. La trace des libérales communications qu'il aimait à en faire se trouve consignée dans beaucoup de publications françaises et même étrangères.

Entre tous les objets de science et de curiosité que M. Desnoyers se plaisait à rassembler dans ses cabinets, les livres, les anciens manuscrits, les chartes, les lettres autographes et en général tous les documents historiques tenaient la place d'honneur. Le catalogue de sa bibliothèque, l'une des plus riches qu'on ait formées au xixe siècle sur l'histoire de France, montrera avec quel tact il avait reconnu, il y a plus de cinquante ans, la valeur de livres dédaignés de ses contemporains et remis aujourd'hui en honneur. La partie manuscrite de cette bibliothèque n'était pas moins remarquable ; elle pouvait se diviser en deux séries distinctes : d'un côté, d'anciens manuscrits et des chartes sur parchemin ; d'un autre côté, des recueils modernes, qui ménagent d'agréables surprises, non-seulement aux amateurs de « curiosités autographiques, » mais encore aux historiens qui cherchent leurs inspirations dans les témoignages authentiques et dans les correspondances originales. Telles sont des lettres du cardinal Dubois, de Dupleix et de Bussy, qui jetteront de la lumière sur plusieurs points de nos annales diplomatiques et coloniales. Tel est aussi un recueil fort curieux pour l'histoire anecdotique du commencement du xviiie siècle.

M. Marcel de Fréville, fier des liens qui l'ont rattaché à M. Desnoyers, a pieusement et soigneusement parcouru ces volumes et ces portefeuilles, sur lesquels s'est si souvent portée l'attention du dernier possesseur. Nous pouvons espérer qu'il y trouvera le sujet de travaux dignes du nom qu'il porte et de la famille à laquelle il s'est allié. Il a déjà analysé le recueil historique dont il était tout à l'heure question et dont il a parfaitement mis le caractère en relief. A la notice qu'il lui a consacrée il a bien voulu me proposer de joindre la description d'une série de volumes et de pièces qui ne constituait pas la partie la moins curieuse des collections de M. Desnoyers. Je me suis empressé de déférer à une aussi gracieuse invitation. C'est ainsi que j'ai été amené à publier, avec la notice de M. de Fréville, le catalogue des manuscrits anciens et des chartes du cabinet de M. Desnoyers qui font aujourd'hui partie des collections de la Bibliothèque Nationale.

La série que nous allons passer en revue ne renferme aucun de ces manuscrits de luxe que les amateurs ont toujours recherchés et dont les peintures commandent le respect même aux ignorants. Elle consiste en volumes et en pièces de modeste apparence et dont la valeur ne peut guère être appréciée que des véritables savants. Mais l'intérêt scientifique en est considérable.

M. Desnoyers, tout jeune encore, était à peine engagé dans la carrière qu'il devait suivre avec tant de succès quand il remarqua chez d'humbles bouquinistes et surtout chez des marchands de parchemin des liasses de « vieux contrats » et des « grimoires gothiques, » achetés au poids et dépouillés de leurs couvertures, trop pesantes pour entrer en ligne de compte dans ce genre de commerce. Telle fut l'origine de la collection de chartes et de manuscrits que j'ai si souvent admirée dans le cabinet de M. Desnoyers et que je m'applaudis d'avoir pu faire entrer à la Bibliothèque Nationale. Elle y est d'autant mieux placée que nous possédions déjà beaucoup d'épaves de même nature recueillies par nos prédécesseurs chez les bouquinistes et les marchands de parchemin, à la suite des actes de vandalisme dont les dépôts publics de plusieurs départements furent victimes depuis 1820 jusqu'en 1835 ou environ.

Les principaux articles du cabinet de M. Desnoyers viennent de la bibliothèque de Tours, dont beaucoup de manuscrits furent misérablement vendus au poids vers l'année 1830, du chartrier de Cluni, si longtemps livré au pillage, et des archives du Pas-de-Calais et de l'Aisne, dont tant de chartes ont été sacrifiées par l'incurie d'administrateurs ignorants. En sauvant d'aussi précieux débris, M. Desnoyers a bien mérité des études paléographiques et historiques en France. La publication du présent catalogue est donc un acte de justice, et j'ai saisi avec empressement cette occasion de rendre un nouvel hommage à une mémoire si digne de notre respect et de notre admiration.

Léopold DELISLE

ANCIENS MANUSCRITS

DE M. JULES DESNOYERS

CONSERVÉS A LA BIBLIOTHÈQUE NATIONALE

I

Traité de saint Augustin sur la Genèse.

Fol. 1. « De principio Genesis. Omnis divina scriptura bipertita est, secundum id quod Dominus significavit, dicens scribam eruditum in regno Dei similem esse patri familias... » — Fol. 213. «... Sed jam universum hoc opus, quod duodecim voluminibus continetur, isto tandem fine concludimus. Explicit liber duodecimus Aurelii Agustini Genesis a littera. Amen. »

Sur le fol. 213 v°, on a ajouté, au x° ou au xi° siècle, des prières en latin très barbare.

La dernière page du troisième cahier (fol. 24 v°) est signée d'un gamma.

Sur le fol. 87, à la suite du titre : « Incipit liber sextus Aureli Augustini, », on distingue les restes d'une note tracée en caractères très anciens : « Hic est liber Sancti Maximini Miciacensis. »

Volume en parchemin. 213 feuillets. 290 millimètres sur 230. Ecriture sur deux colonnes, du ix⁰ siècle. Initiale peinte sur la première page.

Ce ms. portait jadis le n⁰ 55 dans la bibliothèque de Saint-Martin de Tours. — Voyez *Notices et extraits des manuscrits*, t. XXXI, part. I, p. 205 et 206.

Nouv. acq. lat. 1572.

II

Extraits des œuvres de saint Augustin, par Eugippius.

Fragments d'un volume écrit en lettres onciales ou demi-onciales, minuscules ou cursives, dont la description, accompagnée de fac-similés héliographiques, fait l'objet de l'opuscule intitulé : *Notice sur un manuscrit mérovingien, contenant des fragments d'Eugyppius appartenant à M. Jules Desnoyers*, par Léopold Delisle (Paris, avril 1875; grand in-quarto).

Les cahiers VI, VII, VIII et XV du même manuscrit d'Eugippius ont servi à former le n° 8 du fonds Libri, qui vient de passer de la bibliothèque du comte d'Ashburnham dans les collections de la Bibliothèque nationale.

Volume en parchemin. 95 feuillets. 308 millimètres sur 205. Ecriture du viii⁰ siècle.

Jadis n° 50 des manuscrits de Saint-Martin de Tours. — Outre la description ci-dessus indiquée, voyez *Notices et extraits des manuscrits*, t. XXXI, Iʳᵉ partie, p. 211 et 354, et surtout les observations du Dʳ P. Knoell, dans son édition de *Eugipii opera*, pars I (Vienne, 1885, in-8°), p. XIII-XVIIII.

Nouv. acq. lat. n° 1575.

III

Commentaire de saint Jérôme sur Osée et Amos, incomplet du commencement, par suite de la perte, déjà ancienne, du premier cahier du volume.

Le commentaire sur Osée, à partir des mots « ei Dominus cruciatus adque tormenta » (édit. des Bénédictins, t. III, col. 1249, ligne 53), occupe les fol. 1-57 v°. — Le reste du volume (fol. 57 v°-110 v°) contient le commentaire sur Amos, terminé par cette souscription : « Explicit explanationum in Amos propheta, lib. III. Lege feliciter. »

Au bas du fol. 102, une main peu exercée a tracé le nom de la reine Berthe : « Berta reina. »

Volume en parchemin. 110 feuillets. 328 millimètres sur 272. Écriture à longues lignes, du xe siècle. Vient de l'abbaye de Marmoutier, où il portait le n° 66.

Voyez *Notices et extraits des manuscrits*, t. XXXI, Ire partie, p. 213 et 214.

Nouv. acq. lat. 1577.

IV

Extraits des ouvrages de saint Grégoire sur la Genèse et l'Exode, par Paterius.

Fol. 1. « Paterii incipiunt capitula libri Genesis. »

Fol 1 v° « Incipit liber testimoniorum veteris Testamenti. De creato caelo quod postmodum vocavit firmamentum... »

Fol. 30. « Incipiunt capitula libri Exodi. »

Fol. 54 v°. Derniers mots du chapitre LIII de cette partie et du manuscrit : « ... ut ex conspecta eorum gloria in nostris nobis oculis nostra vita sordescat. »

Volume en parchemin. 54 feuillets. 252 millimètres sur 200. Écriture à deux colonnes, du IXe siècle.

Nouv. acq. lat. 1570.

V

Extraits des ouvrages de saint Grégoire sur les premiers livres de la Bible, de la Genèse au Cantique des Cantiques, par Paterius.

Fol. 1. « Incipit prologus Paterii in libris veteris ac novi Testamenti. Dum beatissimi atque apostolici Gregorii pontificis nostri... »

Fol. 2. « Incipiunt capitula de Genesi. » — Fol. 3. « Incipit liber Paterii in libris veteris ac novi Testamenti. De creato celo quod postmodum vocavit firmamentum. Virtutes angelice que in divino amore... » — Fol. 32. « Expliciunt testimonia de libro Genesis. »

Viennent ensuite les Témoignages sur l'Exode (fol. 31), le Lévitique (fol. 54), les Nombres (fol. 60), le Deutéronome (fol. 69), Josué (fol. 76), les Juges (fol. 77), les Rois (fol. 80 v°), les Proverbes (fol. 102) et le Cantique des Cantiques (fol. 107).

Volume en parchemin. 112 feuillets. 278 millimètres sur 175. Écriture du XIIe siècle. Ce ms. portait au XVIIe ou au XVIIIe siècle le n° 16 dans une bibliothèque que je n'ai pas pu déterminer.

Nouv. acq. lat. 1571.

VI

Exposition du Cantique des Cantiques, par Jean d'Abbeville.

Fol. 1. « Incipit expositio Cantici Canticorum per venerabilem virum Johannem, episcopum Sabinensem, quondam decanum Ambianensem, edita, a sacrosancta Romana ecclesia approbata anno Domini M° II° XXXIII. Prologus. Ad honorem matris et filii Cantica Canticorum expositurus, ego, sensu pauper et modicus, imploro matris auxilium et beneficium filii suppliciter peto... Incipit tractatus. Igitur in principio hujus cantici mater loquens introducitur petens Spiritus sancti gratiam... »— Fol. 43 v°. «... Ad convalles descendere ut videlicet ad illos miscendos aliquando misericorditer recurras qui sunt in vallibus et fecibus peccatorum. Amen. »

Volume en papier. 43 feuillets. 192 millimètres sur 128. Écriture du xv° siècle, époque à laquelle cet exemplaire était classé dans une bibliothèque sous la cote T 13. L'encre a brûlé le papier d'un certain nombre de feuillets.

Nouv. acq. lat. 427.

VII

Commentaire sur le premier livre des Sentences, par saint Bonaventure.

Fol. 1. « Profunda fluviorum scrutatus est et abscondita produxit in lucem... » — Fol. 129 v°. «... Ei igitur qui potest omnia facere, super habundanter quam petimus aut intelligimus, secundum virtutem que operatur in nobis, ipsi gloria in ecclesia et in Christo Jesu in omnes generationes seculi seculorum. Amen. Explicit liber primus super Sententias, (et d'une autre main :) secundum dominum Bonaventuram, ecclesie Romane quondam cardinalem, de ordine Minorum, (et d'une troisième main :) et devotus doctor merito nuncupatus. »

Sur le fol. 130, table des 48 distinctions de l'ouvrage.

Volume en parchemin. 130 feuillets. 308 millimètres sur 215. Écriture sur deux colonnes, de la fin du xiiie siècle ou du commencement du xive.

Jadis n° 100 des manuscrits de Saint-Martin de Tours.

Nouv. acq. lat. 1574.

VIII

Recueil de sermons pour le carême, par saint Bernardin de Sienne. Suivant la table qui est à la fin du volume, le recueil se composait de 65 sermons, dont les quatre premiers et le commencement du cinquième occupaient un cahier qui a disparu.

Premiers mots des sermons VI et VII : « Feria quinta post Cinerem de dominica oratione. Sermo sextus. Domine, puer meus jacet in domo paraliticus et male torquetur. Math. 8. Necessitatem patientie atque orationis et supplicationis... (fol. 2.) — Feria sexta post Cineres. Sermo septimus. Te autem faciente elemosinam nesciat sinistra tua quid faciat dextra tua. Math. V. Positis in precedentibus duobus operibus satisfactoriis jejunio et oratione... » (fol. 5).

Cette collection de sermons est celle dont il existe une

édition gothique in-quarto, sans lieu ni date, inventoriée à la Bibliothèque nationale sous les nos D 5168 et 5169.

Au milieu de ces sermons (fol. 31 v°) se trouve un poëme rythmique, commençant par les mots « O Christi vicarie, monarcha terrarum, » qui a été publié par M. Hauréau dans la *Bibliothèque de l'École des chartes* (année 1884, t. XLV, p. 5), sous le nom de Gui de la Marche. Ce poëme se trouve aussi à la fin de l'édition gothique des sermons de Bernardin de Sienne indiquée ci-dessus; il y est intitulé : « Sequitur disputatio inter mundum et religionem coram papa. »

Volume en papier, sauf les feuilles de parchemin qui enveloppent plusieurs des cahiers. 210 feuillets. 297 millimètres sur 208. Écriture à deux colonnes, du XVe siècle.

Jadis n° 40 des manuscrits de Saint-Martin de Tours. Voyez *Notices et extraits des manuscrits*, t. XXXI, 1re partie, p. 224 et 225.

Nouv. acq. lat. 1573.

IX

Légendes pieuses, vies de saints, méditations etc. en français. Ce recueil, dont le premier feuillet manque, doit avoir été composé en Picardie ou dans les Flandres. Quelques citations en feront connaître la nature et l'origine.

Fol. 6 v°. « Des divers tourmens du livre des visions saint Pol. Nous lisons ou livre qui est entitulé dez visions saint Pol, que on doibt bien croire, ravi vist en enfer ung abre de feu, la ou les pecheurs estoient pendus par les menbres de quoy ilz avoient le plus pechiet... »

Fol. 9. « Du purgatore saint Patrice. Ou tamps que saint Patrice le grant preschoit en Islande la parolle de Dieu, Nostre Seigneur conferma son preschement par glorieux miraclez ; saint Patrice trouva les gens de celle terre aussy sauvagez a creance comme bestez et souvent leur parloit des tourmens d'enfer... »

Fol. 23. « Les tourmens Antecrist. Chy sont les tourmens que Antecrist fera souffrir a ceulx qui ne se vorront a luy acorder... »

Fol. 25. « Saint Andrieu. Saint Andrieu sy fust frere de mons. saint Pierre, et fust du mestier de pecqueur. Et advint une fois que Nostre Seigneur aloit sur la rive de la mer... » — C'est le commencement de la série des vies de saints, qui se continue jusqu'au fol. 218, en suivant l'ordre de l'année liturgique, et dont les derniers chapitres sont intitulés : « saint Clément (fol. 207), sainte Katherine (fol. 212 v°), la dédicasse de l'esglise (fol. 215), la vie saint Alexis » (fol. 215 v°).

Fol. 40 v°. « Miracle de sainte Barbre. Long tamps aprez la passion de madame sainte Barbre, Dieu, nostre vray createur, qui ne voeult point donner les choses sainttes aux chiens... » Il y a une série des miracles de sainte Barbe, qui occupe les fol. 40 v°-55 ; plusieurs ont pour théâtre des localités du nord : « ... en ung monastere de l'ordre de Premonstré scituée en Brebant assez prez de Louvain... (fol. 44) ; — excepté deux brebenchons de Louvain, qui avoient madame sainte Barbre en très grant devocion... (fol. 45) ; — en la sainte cité de Coulongne, ung jour qu'on faisoit trez grande sollempnité de la passion madame sainte Barbre en l'esglise des frères mineurs... (fol. 45 v°) ; — bourgois d'une ville nommée Nommay soubz le duc de Gueillez... (fol. 46) ; — trois abbés de l'ordre de Citeaux du pays de Frise... (fol. 47 v°) ; — ou pays de Brebant, en la ville de Malinez, ou le corpz mons. saint Rumoth moult notablement repose... (fol. 49) ; — au tamps que les Normans vindrent en Flandres par mer, a grant puissance de gens d'armes, jusquez au lieu qui est nommé Terbaye emprez Balgant... (fol. 50) ; — d'un alemant qui estoit dez partiez de Assire, d'une ville nommée Walphaughem... (fol. 51) ; — en l'esglise monseigneur saint Jehan l'euvangeliste à Surre en Brebant... » (fol. 54).

Fol. 81. « Le invencion saint Fremin. Le invencion du precieux corps monseigneur saint Fremin le martir, comment il fust trouvé et levés de terre... »

Fol. 139. « Saint Honoré fust evesque d'Amiens et fust successeur de monseigneur saint Fremin le confes au tamps de l'incarnacion de Nostre Seigneur Jhesu Crist vi° ans... »

Fol. 174 v°. « Saint Fremin le confes fust nés en le cité d'Amiens, et fust nés de noble lignie, et fust filz d'ung qui fust nommé Faustiniem... »

Fol. 185. « Saint Fremin le martir dès se jonese fust plain de très grande sainteté... »

Fol. 218. « Les meditacions saint Bernard en franchois. Moult de gens sont par le monde qui scevent moult de choses et congnoissent, et les leurs ne scevent ne ne congnoissent... »

Fol. 226 v°. « Jehan de Clari. Le loier que les sains ont en paradis : toute leur joye sera de veir Dieu et de vivre en Dieu ; car en veoir Dieu ara chascun quanques il voldra... »

Fol. 228. « Comment Nostre Seigneur herbega ung homme qui volentiers herbegoit povrez gens, conte de digne audience. Nous lisons qu'il y eust en l'evesquiet de Cambray ung preudhomme lay qui avoit a nom Jehan et demouroit au vilage[1] et estoit moult piteux et misericors et homs de grant penitance. Sy vault avoir en sa maison une ymage de Nostre Dame, pour estre souvent en orisons devant elle, et ala à Ville Fontaine, a deux journées de sa maison, la ou on faisoit trop belles ymages, et en acheta une moult belle ymage de Nostre Dame, et le envollepa d'ung beau drap èt s'en retourna... »

Fol. 235 v°. « Des dismes. Se tous ceulx et toutes celles qu'ilz (sic) doibvent dismes sçavoient de combien grande auctorité sont dismes et combien grant prouffit en vient... » C'est le dernier chapitre du recueil ; il est incomplet à la fin.

Volume en papier. 237 feuillets. 203 millimètres sur 148. Écriture de la seconde moitié du xv° siècle.
Nouv. acq. franç. 4464.

---

1. Il faut peut-être suppléer ici les mots *de Clari.*

X

Lectionnaire ou recueil d'homélies attribué à Alcuin.

Fol. 1. « In nomine Domini nostri Jhesu Christi. Incipiunt capitula libri secundi. » — Fol. 3. « Expliciunt capitula libri hujus. »

Recueil d'homélies pour la seconde période de l'année liturgique commençant à la veille de Pâques. Il y en a 130, plus deux homélies sur la fête de tous les saints (fol. 211 v°), qui ne devaient pas faire partie de la collection primitive, quoiqu'elles soient écrites de la même main que le reste du volume. Ces homélies sont tirées des œuvres des saints Pères dont les noms suivent : Augustin, Bède, Fulgence, Grégoire, Jean Chrysostôme, Jérôme, Léon, Maxime et Origène. On peut conjecturer que c'est la seconde partie de l'homéliaire composé par Alcuin.

Volume en parchemin. 214 feuillets. 400 millimètres sur 278. Écriture très soignée, sur deux colonnes, du temps de Charles le Chauve. Notes tironiennes à plusieurs endroits du ms. (fol. 24 v°, 42 v°, 49, 50, 67, 88, 124 v°, 133 v° et 169 v°).

Sur ce volume, qui formait jadis le n° 85 des mss. de Saint-Martin de Tours, voyez *Notices et extraits des manuscrits*, t. XXXI, 1re partie, p. 193-194 et 298-312, où se trouve une table détaillée des 132 homélies.

Nouv. acq. lat. 2322.

XI

Bréviaire romain.

Fol. 1. Calendrier.
Fol 7. Propre du temps. « In nomine Domini. Amen. Incipit ordo breviarii secundum consuetudinem Romane curie. » — Fol. 208. « Explicit officium dominicale et feriale etc. »
Fol. 208 v°.Rubriques.
Fol. 217. Propre des saints. « Incipiunt festivitates per anni circulum. »
Fol. 366. Commun. Le commencement manque.
Fol. 389. « Incipit ordo officii beate virginis Marie. »
Fol. 395. Psautier. Le commencement manque.

Volume en parchemin. 458 feuillets. 123 millimètres sur 91. Écriture méridionale du xve siècle, sur deux colonnes.
Nouv. acq. lat. 423.

XII

Bréviaire de Coutances.

Fol. 1. Calendrier, dont l'article suivant, écrit en lettres rouges, suffit pour indiquer l'origine du volume : « IIII idus julii, Dedicatio ecclesie Constantiensis, duplex; per octavas, memoria tantum. » — On y a ajouté après coup deux articles relatifs à la dédicace de l'église de Beslon, le 14 mai, et à la dédicace de l'église de Villedieu, le 21 octobre.
Fol. 7. Propre du temps.

Fol. 170. Psautier, dont le premier feuillet manque.
Fol. 240. Commun dont le premier feuillet manque.
Fol. 261. Office de Notre Dame.
Fol. 271. Propre des saints.

Volume en parchemin. 454 feuillets. 176 millimètres sur 125. Écriture sur deux colonnes, du xve siècle.
Nouv. acq. lat. 425.

XIII

Bréviaire de l'abbaye du Mont-Saint-Michel.

Fol. 7. Calendrier, dans lequel se remarquent les articles suivants : « xiiii kal. julii, Auberti episcopi, in capis, xii lect. — v idus julii, Bertivini martyris et confessoris. — ix kal. octobris, Paterni episcopi. — xvii kal. novembris. Michaelis in monte Tumba, in capis. — viii id. novembris. Melanii episcopi, xii lect. — xvii kal. decembris, Macuti episcopi, xii lect. »

Fol. 13. Psautier, dont le commencement manque.

Fol. 80. Propre du temps, à partir de la fin de la semaine sainte. Le commencement manque.

Fol. 156. Propre des saints, à partir de l'Annonciation. Le commencement et la fin manquent.

Fol. 299. Commun.

Fol. 336-357. Fragments d'un autre bréviaire, commençant par ce titre : « Dominica prima post octabas epiphanie, ad vesperas, capitulum. » Ce bréviaire était à l'usage du Mont-Saint-Michel; les litanies des saints qui sont au fol. 354 renferment ces invocations : « Sancte Auberte, *bis*, s. Audoene, s. Romane, s. Chanaan, s. Godeberte, s. Withene, s. Brioce, s. Paterne, s. Juliane, s. Victuri, s. Sanson, s. Macute, s. Melani, s. Maurili, s. Albine, s. Jubiane *(sic)*, s. Benedicte *bis*...

Divers morceaux ont été ajoutés après coup, au xvie siècle, sur les fol. 1-6, 332-334, 357 et 358. L'un des morceaux ajoutés (fol. 332) est intitulé : « Memoria de sancto Bertivino. » Ces additions doivent être attribuées à Sébastien Ernault, qui a mis cette note en tête du volume : « Breviarium istud ad usum istius incliti cenobii Montis Sancti Michaelis, spectans venerabili religioso fratri Sebastiano Ernault, priori claustrali ejusdem loci et prioratus Beate Marie de Tumba Helene, quod fecit de novo reparare, uti intuentibus patet, anno Domini 1556°. Teste ejus signo hic apposito : S. Ernavlt. »

Volume en parchemin. 358 feuillets. 135 millimètres sur 102. Écriture sur deux colonnes, du xvᵉ siècle. Plusieurs feuillets sont plus ou moins mutilés ; d'autres ont été complètement arrachés.

Nouv. acq. lat. 424.

XIV

Processionnal à l'usage de l'abbaye de Saint-Josse aux Bois, diocèse d'Amiens.

L'origine de ce livre est surtout indiquée par les litanies de l'office des morts (fol. 113), dans lesquelles on remarque ces invocations : « s. Foillane, s. Firmine, « s. Livine..., sancte Judoce *bis*..., s. Salvi, s. Honorate, s. Firmine, s. Severine, s. Servati, s. Brici, « s. Richari..., sancta Austreberta... »

Volume en parchemin, sauf les feuillets ajoutés au commencement et à la fin qui sont en papier. 147 feuillets, plus 6 feuillets préliminaires occupés par une table. Les feuillets 137 et 138 manquent. 133 millimètres sur 105. Écriture du commencement du xivᵉ siècle, sauf les feuillets ajoutés ou remplacés à une époque moderne. Notation musicale.

Nouv. acq. lat. 422.

XV

Petit livre de prières en néerlandais, écrit sur parchemin, au xve siècle.

Néerlandais 111.

XVI

Le Décret de Gratien, texte accompagné d'un commentaire qui est très développé dans certaines parties ; il est précédé d'un abrégé des deux premières parties du Décret, qui occupe les fol. 1-19 du ms.

Fol. 20 « Concordia discordantium canonum, et primum de jure nature et constitutionis. »
Fol. 133 v°. « Incipit prima causa de diversis speciebus symonie. »
Fol. 313 v°. « Incipit consecracio. »

Volume en parchemin. 336 feuillets. 310 millimètres sur 220. Écriture à deux colonnes, indépendamment des commentaires marginaux. Les 16 premiers cahiers (fol. 1-128) paraissent avoir été copiés par une main italienne, à la fin du xiie siècle ; il y a des initiales peintes assez remarquables. Le reste du volume semble avoir été écrit en France au xiiie siècle.

Ce manuscrit vient peut-être d'une église de Tours.
Nouv. acq. lat. 1576.

XVII

Les Décrétales de Grégoire IX, en français, commençant par les mots : « *Ci commence li prologues sus la novele compilacion. Gregorius. Gregoires esvesques, sers a touz les serjanz dame Dieu, a ses chiers fuilz et aus mestres et a touz les escoliers demouranz a Paris, saluz et sa beneicon. Rex pacificus. Li rois pesibles ordena...* »

Volume en parchemin. 246 feuillets. 350 millimètres sur 235. Écriture à deux colonnes, du XIIIe siècle.

Volume provenu de l'abbaye de Marmoutier (n° CCXXVI ou 219 du catalogue de dom Gérou, annoté par Chalmel) et plus anciennement de la bibliothèque du connétable de Lesdiguières.

Voyez une description plus détaillée dans *Notices et extraits des manuscrits*, t. XXXI, 1re partie, p. 231 et 232.

Nouv. acq. franç. 5120.

XVIII

Formulaire d'actes ecclésiastiques, rédigé par Jean de Bologne, notaire, qui l'a dédié à Jean Peckham, archevêque de Cantorbéry, depuis 1279 jusqu'en 1292.

« Summa notarie de hiis que in foro ecclesiastico coram quibuscunque judicibus occurrunt notariis conscribenda. Reverendo in Christo patri domino J., Dei gratia Cantuariensi archiepiscopo, totius Anglie primati, Johannes Bononiensis notarius, familiarium suorum humillimus, cum omni devotione seipsum. Quoniam sacrosancta Romana ecclesia mater est omnium et magistra... »

Ce formulaire contient des modèles d'actes remplis de noms anglais et quelques observations diplomatiques, dont l'une (fol. 5), relative au commencement de l'année, offre un réel intérêt :

« *Anno Domini a nativitate* dicitur ad differentiam illorum qui incipiunt annos Domini ab incarnatione. Unde, in terris ubi consuetudo est incipere annos Domini ab incarnatione, non debet scriba dicere *Anno Domini a nativitate,* sed *Anno Domini ab incarnatione,* ut servent consuetudinem sue terre. In curia Romana incipiunt notarii annos Domini a nativitate. Curia tamen in privilegiis incipit annos Domini ab incarnatione, et renovat indictionem seu mutat octavo kalendas octobris, juxta hos versus :

Cum redit october indictio sit nova semper ;
Quatuor atque tribus hiis est prelata diebus. »

Volume en parchemin. 55 feuillets. 202 millimètres sur 144. Écriture de la fin du xiiie siècle. Un feuillet a été coupé entre les feuillets qui sont cotés 38 et 39.

Nouv. acq. lat. 428.

XIX

Fragment d'un manuscrit des Coutumes de Bretagne.

Fol. 1. Fin d'une pièce dont les derniers mots sont : «... Et que les mauvaises usages abatront, que Dieu leurs pechiez leur pardoint, et relache leur paine à ceulx qui en purgatoire sont. Amen. »

Fol. 2. « L'assiise au conte Geffroy. » Texte latin de 1185.

Fol. 2 v°. « La coppie de la lettre du baill mué en rachat. » Charte de Jean, duc de Bretagne, datée de 1275.

Fol. 3 v°. Établissements publiés par Jean, duc de Bretagne, dont le premier article commence par ces mots : « Premier pour ce que les offices de sergentie de nostre pais sont données à pluseurs qui ne sont suffisans... »

Fol. 8 v°. Ordonnance de Jean, duc de Bretagne, commençant par ces mots : « Comme à nous se sont complains les prelaz, barons, chevaliers, escuiers, chapitres, colleges, gens d'eglise, bourgeois et autres gens rentiers de nostre païs, disans que, ja soit ce que anciennement leurs predecesseurs aient baillé leurs fiez, terres et heritages pour estre poiez de leurs rentes au bon et fort denier... »

Fol. 12. « Constitucions et ordonnances faictes en parlement tenu à Vennes le xiie jour de febvrier l'an mil iiii° xxiiii, touchant le fait de la justice. »

Fol. 15 v°. « Les points de l'assiise. Premier, l'advocat jurera garder à son pouoir et savance l'onneur et l'estat de la 'court... »

Fol. 16. « Par la coustume de Bretaigne autresfoiz ordonnée en parlement et commandée à tenir que nul pledeour ne soit oy à pledoier en nul lieu en Bretaigne se il n'a juré l'assiise soubz umbre de bataille ne autrement... »

Fol. 20. « Cy ensuit aucunes moderacions et correccions qui, pour l'utilité et neccessité commune, furent faictes et ordonnées en parlement de Bretaigne qui fut en l'an mil iiii° et trois, sur le fait de la justice, des advocatz et pledaieries de Bretaigne et autres choses touchant le bien et utilité publique de Bretaigne. »

Fol. 23 v°. « Cy enssuivent les establissementz, editz, constitucions, statuz et ordonnances faitz et par loy generale par Pierre, par la grace de Dieu duc de Bretagne, conte de Montfort et de Richemond, tenant son general parlement à Vennes... » 25 et 27 mai 1451.

Fol. 32. « Constitucions et establissementz suys et ordonnez en parlement general tenu à Vennes par très hault et très excellent prince nostre souverain seigneur François, par la grace de Dieu duc de Bretaigne... »

Fol. 40. « Cy commencent les jugemens de la mer, des nefs, des maistres, des mariniers et des marchans et de tout l'estre de la mer. » — Fol. 45. « Donné, tesmoin le seel de l'ille d'Auleron, establi aux contractz de la dicte ille, le jour du mardi après la feste saint André, l'an de grace mil ii° seixante et seix. »

Fol. 45. Courtes notes sur les annales de la Bretagne, écrites le 15 mai 1499.

Volume en parchemin. 48 feuillets. 162 millimètres sur 116. Écriture du xve siècle.
Nouv. acq. franç. 4465.

XX

Feuillet d'un exemplaire de l'Histoire d'Orose, copié au ixe siècle par le moine Adalbaldus et conservé à Saint-Martin de Tours jusqu'à la Révolution. Ce feuillet contient l'inscription HIC LIBER ‖ ADALBALDI ‖ ARTIFICIS, *et des gloses en notes tironiennes, dont M. Julien Havet a donné l'interprétation.*

Parchemin haut de 190 millimètres et large de 160, offert en 1886 à la Bibliothèque nationale par M. Desnoyers, qui en avait fait l'objet d'une notice communiquée à l'Académie des inscriptions, et insérée dans les *Comptes-rendus des séances* de l'année 1886. Il y en a eu un tirage à part intitulé *Note sur un monogramme d'un prêtre artiste du* ixe *siècle* par M. Desnoyers (Paris, janvier 1887; in-8° de 8 pages, avec une héliogravure).
Nouv. acq. lat. 405.

XXI

Recueil de lettres de Clément IV.

Fol. 1. « Incipiunt epistolæ Clementis papæ quarti. » Copie d'une compilation dont les premières pièces portent les suscriptions et commencent par les mots qui suivent : « 1. Regi Aragonum. Quod negocium. — 2. Carolo comiti Provinciæ. Quanto te Dominus. — 3. Potestati, capitaneo et antianis populi Pisani. Literas vestras. — 4. Nobilibus urbis. Devotionem et fidem. — 5. Vicario urbis. Scripsimus tibi. — 6. Capitaneo, antianis, consulibus et collegio mercatorum Lucensium. Pium propositum. » — Des variantes sont marquées en marge ; on y cite un ms. de Saint-Victor, un de Narbonne, un de la Grasse, et un de Montpellier. — Une note qui est dans la marge du fol. 114 v° et qui se termine par les mots : « Ut constat ex instrumentis authenticis quæ in genealogia Melgoriensium comitum damus, » doit faire supposer que l'annotateur du manuscrit est Pierre Gariel.

Fol. 232. Recueil de diverses lettres de Clément IV, principalement tirées de livres imprimés et de différentes archives du Languedoc : « Ex tabulario domus communis Montis Pessulani (fol. 236 et 243 v°); ex archivis Aniciensis ecclesiæ (fol. 251 v°) ; ex repertorio Uticensis episcopii (fol. 254); ex cartulario abbatiæ Sancti Salvatoris Anianensis (fol. 262 v°); ex documentis cœnobii monialium Sancti Guillelmi in Montepessulano (fol. 264) ; ex cartario domus consularis Montispessulani » (fol. 291 A).

Fol. 292. « Processus legationis in Angliam Guidonis, episcopi Sabinensis, postmodum Clementis papæ IIII. » Ce registre du cardinal Gui Fulcoie, évêque de Sabine, contient les actes relatifs à la mission dont il fut chargé en 1264 par Urbain IV à la cour d'Angleterre.

Fol. 322. Mandement du roi Philippe le Hardi contenant l'opinion du pape Clément IV sur les cas de violation de la paix qui appartenaient à la juridiction royale. « Datum Parisius, die mercurii ante festum beati Lucæ evangelistæ. »

Fol. 326. Tables du recueil des lettres de Clément IV.

Volume en papier. 341 feuillets, y compris les fol. 291 A et B. 366 millimètres sur 250. Écriture du xviie siècle. Reliure en maroquin rouge, aux armes de Rignac (d'azur au lion d'or, accompagné de cinq oiseaux d'argent en orle) et avec la devise : SEMPER IN ALTVM. Sur le premier plat intérieur sont fixés les ex-libris de Charles de Bachi marquis d'Aubais, et de Philippe Laurent de Joubert.

Nouv. acq. lat. 2323.

XXII

*Recueil chronologique des lettres de Clément IV intitulé :
« Supplementum epistolarum Clementis papæ quarti. »
Cette collection, analogue, pour le fond, à celle qui remplit les fol. 232-291 du manuscrit précédent, commence par les lettres dont voici les suscriptions, les premiers mots et les dates :*

1. Venerabilibus fratribus archiepiscopis, et dilectis filiis abbatibus, prioribus, prepositis, decanis, archipresbiteris et aliis ecclesiarum prelatis ad quos iste littere pervenerint... Cum dilectis filiis magistro et fratribus militie hospitalis Sancti Lasari Hierosolimitani... Perusii, 6 kal. maii, p. n. anno I.
2. Venerabilibus fratribus patriarchis, archiepiscopis et episcopis in quorum civitatibus vel diocesibus fratres ordinis Beate Marie de Monte Carmelo consistunt... Ad audientiam... Perusii, 10 kl. junii, p. n. anno I.
3. Ad perpetuam rei memoriam. Parvus fons... (de ordine Cisterciensi). Perusii, 5 idus junii, p. n. anno I.
4. Archiepiscopo Bituricensi et ejus suffraganeis... Sua nobis dilecti filii abbas et conventus monasterii Sancti Dionisii... Perusii, 7 kal. julii, p. n. anno primo.

Volume en papier. 82 feuillets. 368 millimètres sur 250. Écriture du xviie siècle. Reliure en maroquin rouge, aux armes de Rignac. Au commencement, ex-libris du marquis d'Aubais et de Philippe Laurent de Joubert.
Nouv. acq. lat. 2324.

XXIII

Recueil sur la vie du pape Urbain V, intitulé : « Urbanus papa quintus, splendidissimum et sanctissimum totius orbis, imprimis Galliæ Narbonensis, jubar, decus et ornamentum. »

Ce recueil, suivant les constatations faites par M. l'abbé Albanès, est en grande partie semblable à celui qui forme le ms. 916 de la bibliothèque d'Aix.

Fol. 1. « Vita Urbani papæ quinti. Urbanus quintus, peractis exequiis domini Innocentii, more solito, novem diebus, die decima, cardinales numero viginti... » — Suivant le ms. 916 de la bibliothèque d'Aix, cette vie a été tirée d'un ms. de Martin le Polonais, conservé à Marvéjols chez M. de Seguin.

Fol. 8 v°. « Articuli pro beatificatione Urbani papæ quinti. Ad informandum vos reverendos patres dominos R. episcopum Vasionensem et Savaricum olim abbatem Sancti Andreæ... »

Fol. 86. « Probationes ex tabulario abbatiæ Sancti Victoris Massiliensis pro beatificatione Urbani papæ quinti. (Fol. 87.) Anno Domini millesimo trecentesimo septuagesimo septimo, indictione quinta decima, die secunda mensis februarii, in die purificationis beatæ virginis Mariæ, quidam suo nomine Ludovicus de Fonte, de Massilia, marinerius, prout juramento suo asseruit... »

Fol. 154. « Bullarium breve Urbani papæ V. » Voici l'adresse, les premiers mots et la date des pièces par lesquelles commence ce recueil : 1. « Dilectis filiis conventus monasterii Sancti Victoris Massiliensis... Romanus pontifex... Avenioni, 4 nonas januarii, anno primo. » — 2. « Consulibus et populo Montis Pessulani... Devotionis vestræ sinceritas... Avenioni, 4 nonas januarii, anno primo. » — 3. « Consulibus et populo Montis Pessulani... Ob vestræ devotionis... Avenioni, 4 nonas januarii, anno primo. » — 4. Consulibus et populo Montis Pessulani...

Sincero devotionis... Avenioni, 4 nonas januarii, anno primo. »
— 5. « Ad perpetuam rei memoriam. Cogit nos... Avenioni, 4 calendas martii, anno secundo. »

Fol. 208. « Consilia Guillermi Grimoardi qui fœliciter fuit Urbanus papa quintus. (Fol. 209.) Factum tale est : Consules Montis Pessulani impetraverunt a domino nostro Francorum rege ad quatuor annos continuos et completos, pro debitis et oneribus universitatis exsolvendis, impositionem unius denarii pro libra omnium rerum quæ venderentur in Monte Pessulano...»
— Cette petite collection n'est pas dans le ms. de la bibliothèque d'Aix.

Fol. 217. « Extraict des archifs de l'hostel de ville de Montpellier concernant le pape Urbain cinquiesme. » — Traduction en français de quelques articles de la Chronique romane, formant la quatrième partie de l'édition du Petit thalamus de Montpellier.

Fol. 232. « Privelegia concessa a Joanne rege Francorum christianissimo Guillermo Grimoardo, domino Grisaci, patri Urbani papæ quinti. »

Volume en papier. 268 feuillets. 370 millimètres sur 260. Écriture du xviie siècle. Reliure en maroquin rouge, aux armes de Rignac. Dans le cours du xviiie siècle le volume a appartenu d'abord au marquis d'Aubais, puis à Philippe Laurent de Joubert.

Nouv. acq. lat. 2325.

XXIV

Vie du pape Sixte Quint, en italien. Premiers mots : « *Naque Sisto V nella marca, nel castello delle Grotte, luogo che fà 800 anime in circa, nel teritorio di Mont' alto...* »

Volume en papier. 170 feuillets. 224 millimètres sur 172. Écriture du xviie siècle.

Italien 2030.

XXV

Règle de saint Benoît, en français, suivie de diverses constitutions à l'usage du monastère de Menetou, dépendance de l'abbaye de Beaumont au diocèse de Tours.

Fol. 2. « Au nom de Nostre Seigneur Jesus Christ. Cy commance le prologue de la reigle sainct Benoist, apropriée pour les religieuses du dict ordre. O toy, fille, escoute les commandemens du maistre et incline l'oreille de ton cueur... »

Fol. 40. « S'ensuit l'exposition du chapitre *Cum ad monasterium*, au tiltre *de Statu monachorum* en decretales, au tiers livre. »

Fol. 41 v°. « La constitution de pape Benoist douziesme. A cause que en voye de salut on continue si temperance et sobrieté sont observées... »

Fol. 42 v°. « S'ensuyt le double de la bulle passée par signature de la penitencerie de nostre sainct père le pape Paul tiers de ce nom, pour licence de menger chair selon la beneditine, mesmes en refectoir et aultrez lieux, aulx religieuses de l'abbaye de Beaumont, de l'ordre de sainct Benoist, et au prieuré de Menetou du dict ordre, dependant de la dicte abbaye, et de povoir laver, ployer et toucher corporaulx sans scrupule de conscience. »

Fol. 46. « La manière de reception de religieuses. »
Fol. 49. « L'ordonnance pour faire une fille professe. »
Fol. 50 v°. « S'ensuyvent les cerymonyes de la messe. »
Fol. 53 v°. « S'ensuyvent les cerimonies de l'office divin. »
Fol. 58 v°. « S'ensuyvent les benedictions de la table. »
Fol. 62 v°. « S'ensuyt la manyere des vestemens es jours solempnelz en l'église. »

Au commencement (fol. 1 v°) on lit une note ainsi conçue : « Ceste presente reigle est aulx religieuses de Menetou. »

Volume en parchemin. 64 feuillets. 275 millimètres sur 188. Écriture du xvie siècle.

Nouv. acq. franç. 6166.

XXVI

Statuts de l'ordre de Citeaux.

Fol. 1. Table d'une série de statuts comprenant 120 chapitres. — Fol. 3. Texte de ces mêmes statuts : « Incipiunt æcclesiastica officia. De adventu Domini. I. In adventu Domini, dominica prima Ysaias incipiatur ad vigilias et deinceps totus legatur per adventum... » — Le dernier chapitre de cette série est intitulé : « De versu refectionis. »

Fol. 83. Autre série de statuts. « Superinstituta generalis capituli apud Cistercium. In carta Caritatis inter cetera continetur quod singulis annis semel conveniant omnes abbates cenobiorum... » Cette série comprend 87 chapitres, dont les premiers et les derniers sont ainsi rubriqués. « I. Quo in loco sint construenda cœnobia. II. De unitate conversationis in divinis et humanis... LXXXVI. Quod monachus prostratus non oret. LXXXVII. De scriptoriis. » — Un supplément à cette série, composé de quatre chapitres, se trouve aux fol. 99 v° et 100.

Fol. 93 v°. Usages des convers, divisés en 17 chapitres, dans la table préliminaire, dont voici les premiers et les derniers mots : « Incipiunt capitula usuum conversorum. I. Qualiter se habeant fratres in grangiis. II. Quo tempore surgant ad vigilias... XVI. De vestitu. XVII. De lectis » Commencement du prologue (fol. 94) : « Incipit prologus. Cum constet super animas fratrum laicorum equæ ut monachorum curam nos suscepisse ab episcopis... » Le texte se termine (fol. 98 v°) par trois articles non mentionnés dans la table : « De pena inobedientiæ conversorum. De botis. De campanis. »

Sur les fol. 98 v°-113 diverses mains ont ajouté différents statuts ou règlements des chapitres généraux, dont nous indiquons les principaux par les mots du début :

Fol. 100. « Hec dispositio psalmodiæ ita observanda est in utroque tempore. Omni tempore tam estate quam hieme vigilias, laudes et omnes horas... »

Fol. 100 v°. « De modo debitorum. De debitis dictum est ut

nullus abbas, quandiu obligatus fuerit debito centum librarum proveniensis monetæ vel xl marcarum, terras emat... »

Fol. 102. « De magistro conversorum. Provideat abbas ubi multitudo conversorum exigere videbitur... »

Fol. 102. « De vestiario. Monachus vestiarius loquatur sutoribus, pellificibus et textoribus... »

Fol. 103. « Si contigerit pannum aliquem altaris aut ex aqua aut ex vino madefactum fieri... »

Fol. 103 v°. « In facienda visitacione cautelam maximam et diligentiam visitator adhibeat... »

Fol. 105. « Ego Cisterciensis et coabbates nostri, quibus injunctum fuit ex consensu et mandato generalis capituli, ad locum et diem convenimus... »

Fol. 108 v°. « In facienda visitatione cautelam mauximam et diligentiam visitator adhibeat... » Ce morceau doit être de l'année 1188 ; on lit au bas du fol. 108 v° : « Excipimus etiam ipsa edificia que inchoata sunt modo, id est anno incarnationis dominice m° c° lxxx° viii°. »

Fol. 111. « Beatus Bernardus scribatur in letania post sanctum Benedictum. Collecte. Ecclesie. Deus a quo. Omnipotens sempiterne Deus. Orationes cetere pro terra Jerosolimitana fiant sicut prius... »

Fol. 113. « Anno ab incarnatione Domini millesimo cc° iii, Qui negocia guerrarum pertractant vel procurant, a regno pro quo laborant ad aliquas domos ordinis emittantur... »

Sur la dernière page (fol. 114 v°) a été copiée une notice de l'année 1221, relative à la terre de Vengeons (Manche, arr. Mortain, cant. Sourdeval), qui prouve que le manuscrit vient de l'abbaye cistercienne de Savigni, au diocèse d'Avranches.

Volume en parchemin. 114 feuillets. 243 millimètres sur 180. Écriture de la fin du xii° siècle, sauf plusieurs des pièces additionnelles qui sont du commencement du xiii°.

Nouv. acq. lat. 430.

XXVII

Tableau statistique de l'ordre des Jésuites en 1761, intitulé : « Status societatis Jesuitarum ubique terrarum anno Domini M DCCLXI. »

Cahier de papier. 52 pages. 274 millimètres sur 203. Écriture de la seconde moitié du xviiie siècle.
Nouv. acq. lat. 1579.

XXVIII

Collection de 57 pièces, la plupart sur parchemin et en original, dont la date est comprise entre les années 1149 et 1755. Suit l'indication des principaux documents :

1. Charte d'Eudes, duc de Bourgogne, touchant les donations faites par « Guido de Sobernone, » à l'église des religieuses de Notre Dame établie « in fundo Moloonie. » 1149. — Au dos de la pièce se lit cette ancienne note : « Cartula magna donationis territorii de Praalons. » Voyez la pièce 57 de ce recueil.

2 Accord entre Rainaud de Montfaucon, seigneur de Charenton en Berry, et l'abbaye de la Maison-Dieu ou de Nerlac. 1208.

3. Charte de Hervé, évêque de Troyes, pour le chapitre de Saint-Quiriace de Provins. Mai 1211. Sceau de l'évêque.

4. Donation faite au prieuré de Lucenai par « Johannes presbiter, Guillerminus et Hugo fratres, filii quondam defuncti Bernardi de Luceneio Ayarum, militis. » Acte reçu par l'official de Nevers, en 1268, « die crastina synodi estivalis. »

5. Charte de Johannes de Vulleio, dictus Balbus, » confirmée

par « Theobaldus de Faucoigneio, Belnensis archidiaconus. » Septembre 1275.

6. Acte de « Guillelmus filius Humberti de Corberon, » passé au mois de juin 1293 dans la cour du duc de Bourgogne.

7. Charte en provençal de « Peire Pons de Cambo, » reçue par un notaire de Lavaur, en 1297, « el mes de abril, viii dias al issir. »

8. Quittance d'une somme léguée aux Cordeliers de « Bromium » par feu Raoul de l'Espinasse, père de Dalmace de l'Espinasse, chevalier. 1325.

10. Mandement du roi Philippe de Valois pour les Jacobins de Béziers. Daté de Breteuil, le 11 novembre 1332.

11. Acte fait à Séville en 1333 pour constater les droits de Barthélemi Zagarra, marchand de Majorque, sur la cargaison d'un navire qui avait fait naufrage « in termino cujusdam loci seu ville que vocatur Doya, in costeria Flandrie. »

13. Mandement du roi Philippe de Valois pour les Jacobins de Béziers. A Saint-Germain en Laie, 3 avril 1345.

14. Mandement du roi Jean pour les mêmes. Paris, 6 janvier 1351 (v. st.). — Y est insérée une lettre de Philippe de Valois, datée « apud Beatam Virginem de Campis juxta Parisius, » le 9 décembre 1349.

16. Acte de Gilles de Roye, prévôt de Gonesse, touchant un fief de Mathieu de Fresnoy, seigneur de Villiers-le-Bel. 6 octobre 1363.

19. Acte reçu par « Johannes de Rivo, clericus, serviens armorum domini nostri regis Francie et tenens sigillum... ducis Biturie et Arvernie in prepositura Langiaci in Arvernia constitutum. » 1381.

20. Acte reçu par les échevins de Bruxelles. 11 août 1384.

21. Vente faite aux Célestins de Paris par Jehan Berthier, sergent à cheval du roi au châtelet de Paris. 16 juillet 1385.

23. Bail consenti par Étienne, abbé de Sainte-Geneviève de Paris. 24 novembre 1392.

24. Accord fait en parlement, « inter Johannem de Morloto, et Johannem dominum d'Espinacia, milites, ac eorum uxores, et Hermandum de Sancto Necterio, scutiferum, filium Bertrandi dicti Trippier, domini de Sancto Necterio, scutiferi. » 8 avril 1394.

25. Bail d'une maison à l'enseigne de l'Escu de France, sise à Paris, « en la grant rue Saint Martin, prez de la fontaine Maubue. » 31 août 1395.

26. Accord entre Louis Blanchet, seigneur de la Queue en

Brie, premier secrétaire du roi, et Hugues Blanchet, archidiacre de Sens, frère du dit Louis. 4 juin 1397.

28. Arrêt du Parlement relatif à un emprunt qu'avait fait Jean, seigneur de l'Espinasse, mort au voyage de Hongrie. 29 novembre 1403.

31. Arrêt du Parlement pour les Cordelières de Nogent l'Artaud. 11 février 1412 (v. st.).

32. Compte de bouche de la comtesse de Nevers, le dimanche 21 mars 1416.

36. Acquisition faite au profit de la chapelle fondée en l'église de Tours, derrière les châsses, en l'honneur de saint Gatien. 25 janvier 1443 (v. st.).

39. Testament de Guillaume Barbier, et de Marguerite, sa femme, d'Autun. 28 avril 1450.

43. Réception de l'hommage fait par Jehan du Molin, chevalier, seigneur de Fontenay en Brie, à Pierre Aulbert, écuyer, seigneur de la Grange en Brie. 7 août 1463.

44. Bulle de Pie II portant provision du prieuré d'Hérival au diocèse de Toul. « Dat. Tibure, anno 1463, 10 kalendas septembris, pontificatus nostri anno quinto. »

47. Acte de l'échevinage de « Nostre Dame de Villeir la vie. » 8 octobre 1483.

48. Assignation signifiée au doyen et aux chanoines du chapitre de Saint-Maurice d'Angers. 20 mars 1485, avant Pâques.

49. Déclaration des gens des comptes du roi, touchant l'amortissement de biens que Louis, seigneur de Graville, amiral de France, donnait par échange au chapitre de Notre Dame de Paris. 8 juillet 1489.

50-54. Sentences prononcées aux assises de la cour de Saint-Lambert, diocèse de Carpentras (aujourd'hui dép. de Vaucluse, arr. d'Apt, cant. de Gordes, comm. de Lioux). 8 août 1492.

55. Épitaphe en vers latins et en vers français de Loup de Saint-Phalle et de la Haulte maison, mort le 21 février 1573.

56. Accord entre George de Savigny, lieutenant de la compagnie du marquis de Pont, Charles de Lenoncourt, sieur d'Ormes, et Claude de Haussonville, veuve de Gaspard de Marcossey, grand écuyer de Lorraine. 27 février 1584.

57. Lettres patentes portant réunion des biens du monastère de Notre Dame de Praslon à la mense capitulaire de Saint-Étienne de Dijon. Août 1755.

Nouv. acq. lat. 2328.

XXIX

Collection de 56 pièces sur parchemin, venant de la Chambre des comptes de Paris et de la Chambre des comptes de Blois, pour la période comprise entre les années 1317 et 1543.

1. Charte de Louis de France, comte d'Évreux, touchant le mariage projeté entre Philippe, son fils, et Jeanne, fille du roi Louis X. A Paris, 28 mars 1317 (v. st.) — « Item avons accordé et accordons que, ou cas qu'il avendroit que li diz Phelippes nostre filz laissast hoirs de son corps, ou quel cas, par la coustume que l'en appele la fause coustume en Normandie, li diz Charles nostre filz auroit l'usfruit d'icele terre sa vie, ja soit ce que les diz hoirs du dit Phelippe en fussent heriters, nous ferons et assignerons en nostre terre de France et de Berry, c'est assavoir à Gien, à Aubegny et à Meullent, provision aus diz enfanz du dit Phelippe d'autant, c'est assavoir de cinc mile livrées de terre à value de terre... »

2. Bulle de Jean XXII touchant la levée du dixième accordé pour deux ans au roi Charles IV. Avignon, 2 août 1327. Copie du 11 octobre 1327.

3. Quittance d'Emeri, prieur de Saint-Jean en Grève, pour une somme payée par le receveur de Blois. 17 décembre 1329.

4. Quittance du doyen et du chapitre de Saint-Aignan d'Orléans. 10 janvier 1329 (v. st.).

5. Quittance du prieur de Lanthenai. 23 janvier 1329 (v. st.).

6. Quittance de Jean, vicomte du Rosai, chevalier. 28 janvier 1329 (v. st.). Sur le sceau, un lion rampant.

7. Quittance de Gilles, prieur de Saint-Ladre de Blois. 8 février 1329 (v. st.).

8. Quittance de Jean de Mantes, chanoine de Saint-André de Châteaudun. 19 février 1330 (v. st.).

9. Quittance de Pierre du Quesnoys pour une somme reçue du trésorier royal d'Agenais et de Gascogne. 2 janvier 1337 (v. st.). Sur le sceau, écu chargé d'un chêne.

10. Mandement du comte de Blois pour le prieur de Millançay et le maître de Saint-Ladre de Blois. 4 septembre 1338.

11. Mandement du même pour la veuve de Huet, son braconnier. 1ᵉʳ octobre 1338.

12. Quittance du prieur de Saint-Ladre de Blois. 26 novembre 1338. Sur le sceau, un chef, probablement celui de saint Lazare.

13. Quittance de Pierre de Jaucourt, écuyer, qui avait perdu un cheval en servant sous Jean de Cayeu, capitaine de par le roi à Tournai. 24 décembre 1338. Sur le sceau, écu à deux lions passants.

14. Quittance du maître de Saint-Ladre de Châteaudun. 29 janvier 1338 (v. st.).

15. Mandement du comte de Blois pour sa cousine l'abbesse de Fontevraud. 21 février 1338 (v. st.).

16. Mandement du même pour le prieur de Monthou-sur-Bièvre. 25 février 1338 (v. st.).

17. Quittance du frère Gui, sous-prieur des Dominicains de Blois. 25 juin 1339.

18 et 19. Mandements de « Petrus de Palude, dominus Varambonis, senescallus Tholose et Albiensis, capitaneusque in occitanis partibus per majestatem regiam destinatus, » datées du siège mis devant Puy Guilhem. 30 mars et 5 avril 1339 (vieux ou nouveau style).

20. Quittance de Jean de Villebrême. 9 septembre 1341.

21. Quittance de Robert Pot, chevalier, datée de Limoges, le 13 octobre 1345. Sceau.

22. Quittance du même, datée d'Angoulême, le 4 novembre 1345.

23. Obligation de Louis de Châtillon, comte de Blois, à raison de la prise d'une charette requise pour son voyage de Bretagne et de Gascogne. 5 décembre 1345. Sceau du comte.

24. Quittance de Robert de Gien, receveur du comte de Blois. 4 janvier 1345 (v. st.).

25. Mandement de Philippe de Valois pour le curé de Mareil près de Saint-Germain en Laie, dont la paroisse avait été ravagée par l'ennemi. A Asnières. 9 novembre 1346. Copie du temps.

26. Mandement de Jean de France, duc de Normandie, pour distribuer 150 l. t. « à Robert de Caveron, roy des menesterelx, et à touz les autres menesterelx qui ont esté à nostre presente venue à Rouen. » A Rouen, 17 novembre 1347.

27. Mandement du sire de Becond, gouverneur du comté de

Blois, pour le paiement des vins de la garnison du château de Blois. 18 juillet 1356.

28. Mandement de Jean de France, comte de Poitiers, pour un don fait à Philibert de L'espinace, sire de la Cleete, chevalier, qu'il avait retenu de son conseil secret. A Buset, 24 avril 1358.

29. Quittance de Philippe Piquard, bourgeois de Blois. 28 août 1368.

30. Amendes et exploits des bois du Tuit pour le terme de la Saint-Michel 1376.

31. Quittance du prix du sel mis en garnison dans la tour d'Avranches. 25 août 1380.

32. Mandement relatif à la vente du « demourant du guasteiz du bois du parc de Mortaing. » 12 mars 1387 (v. st.).

33. Quittance de Jehan le Fèvre, élu à Arques. 12 mars 1388 (v. st.).

34. Cédule relative à un versement fait par Dreue d'Entrain, receveur des aides à Montivilliers. 8 mai 1389.

35. Quittance pour des travaux de charpenterie faits en la vicomté de Conches, au pont d'Ajou, aux halles de la Ferrière et au moulin des Près. 14 octobre 1391.

36. Quittance de Huguet de Longueau, écuyer, sergent à pied de la garde de Vitry aux Loges. 7 juillet 1392.

37. Certificat de Jean Ailgembourse, bailli de Cotentin, touchant la pauvreté de Pierre Gorret, de Saint-Lo, condamné à l'amende pour avoir contrefait des sceaux. 31 octobre 1396.

38. Cédule relative aux gages de maître Thierri de Neufville, clerc et secrétaire du roi. 30 juin 1416.

39. Mandement du lieutenant de Robert de Montauban, bailli de Cotentin, dans lequel il est question du fief d'Orbeville, réclamé par Guillaume de Mehudin, chevalier, et de la terre de Moyon, mise en la main du roi, pour la minorité d'âge de Louis d'Estouteville et de Jeanne Paynel. 3 avril 1416.

40. Certificat de Hugues Perrier, secrétaire du duc d'Orléans, relatif au port de lettres envoyées par le comte de Vertus au sire de Montberon, à Charles l'Abbé, capitaine de Tours, et aux bourgeois et gens d'église de la même ville. 14 août 1418.

41. Certificat de Guérin de l'Aunoy, secrétaire du comte de Vertus. 23 février 1419 (v. st.).

42. Mandement de Jean, duc de Bedford, pour les travaux à faire au boulevard de Honfleur. A Mantes, 29 juillet 1423.

43. Mandement relatif au don que Charles VII avait fait d'une

somme de 1,000 réaux d'or au sire de la Trémoïlle. A Chinon, le 27 août 1431.

44. Quittance de Bureau de Cormeilles, avocat et conseiller du roi en la cour de l'église à Rouen. 15 avril 1434, après Pâques.

45. Quittance du chapelain du Château narbonnais à Toulouse. 9 juillet 1434.

46. Quittance pour les réparations de la couverture de l'hôtel des prisons du roi devant le château de Rouen. 19 septembre 1444.

47. Quittance de Croissant Mouton, clerc, demeurant à Épernay. 1ᵉʳ août 1454.

48. Quittance de Pierre Bombel, conseiller du duc d'Orléans et de Milan. 11 février 1456 (v. st.).

49. Quittance rédigée par Guillaume Callipel, secrétaire du duc d'Orléans et de Milan. 25 janvier 1484 (v. st.).

50. Assignation faite à Étienne de l'Espinace, chevalier, seigneur de Maulévrier, sur la somme de 118,892 l. 2 s. 6 d. t. octroyée au roi par les états de Languedoc, réunis à Montpellier. 10 avril 1488 (v. st.).

51. Quittance de Salomon de Bombelles, conseiller et médecin du duc d'Orléans. 23 janvier 1490 (v. st.).

52. Rôle de la dépense de la maison du duc d'Orléans, en février 1491 (v. st.).

53. Rôle des gages payés aux officiers et serviteurs de la maison du duc d'Orléans pendant les mois de juillet, août et septembre 1492.

54. Cédule relative au payement de la pension de 1,000 l. t. donnée par le roi à Monsieur de Crussol. 10 juillet 1505.

55. Quittance de Guillaume Poisson, procureur du roi à Blois. 6 août 1529.

56. Mandement du lieutenant du bailli de Cotentin pour le salaire d'un messager qui avait porté de Coutances à Valognes le double d'une lettre du roi, datée de La Fère sur Oise, le 23 octobre 1543, relative à la punition des soudards voulant vivre sur le peuple sans commission. 30 novembre 1543.

Nouv. acq. franç. 5121.

XXX

Négociations principalement relatives aux affaires des Pays Bas pendant les années 1555-1559.

Ce recueil, qui contient des lettres d'Antoine Perrenot de Granvelle, évêque d'Arras, et d'autres personnages importants, est intitulé : « Manuscripta Zwichemiana, tome premier. » Il paraît avoir été formé avec les papiers de Viglius de Zuichem d'Aytta, président du conseil de Bruxelles, mort en 1577. Voici l'indication des dix premières et des dix dernières lettres du recueil.

P. 1. Lettre de l'évêque d'Arras à M. le président du privé conseil de Sa Majesté. Cambrai, le jour de Pâques (26 mars) 1559.

P. 2. Du même au même. Château Cambrésis, 1 avril 1559.

P. 3. Du même au même. Château Cambrésis, 1 avril 1559.

P. 5. Du même au roi. Château en Cambrésis. 24 mars 1558.

P. 9. Du même au roi. Château en Cambrésis. 23 mars 1558.

P. 13. Du même au président [du privé conseil]. Château Cambrésis, 22 mars 1559.

P. 15. Du même au roi. Château Cambrésis, 20 mars 1558.

P. 20. Du même au roi. Château en Cambrésis, 19 mars 1558.

P. 30. Le premier projet du traité fait par les ministres du roi catholique à Cambrésis. 1559.

P. 49. Lettre de l'évêque d'Arras au président [du privé conseil]. Château Cambrésis, 18 mars 1569.

P. 796. Lettre de Viglius à la reine. Gravelines, 8 juin 1555.

P. 797. Du même à la même. Gravelines, 5 juin 1555.

P. 798. Du même à la même. Gravelines, ce jour de la Pentecôte 1555.

P. 799. Du même à la même. Gravelines, 30 mai 1555.

P. 800. Du même à la même. Gravelines, 27 mai 1555.

P. 802. Du même à la même. Gravelines, 25 mai 1555.
P. 803. Du même à la même. Gravelines, 24 mai 1555.
P. 804. Du même à la même. Gravelines, 23 mai 1555.
P. 805. Du même à la même. Gravelines, 22 mai 1555.
P. 805. Lettre de l'évêque d'Arras, de De Lalaing, de Pontus de Lalaing et de Briarde, au roi. Gravelines, 20 mai 1555.

Volume en papier. 811 pages. 280 millimètres sur 200. Écriture du xviiie siècle.
Nouv. acq. franç. 6168.

XXXI

Collection de 36 actes sur parchemin, relatifs à l'Artois, du XIIIe *au* XVe *siècle.*

1. Vente d'une terre faite par Gautier Pilate, écuyer, à Gilon le Cornu, bourgeois d'Arras. Janvier 1201 (v. st.). Cette date paraît fausse.
2. Compte du bailli d'Aire, du terme de la Toussaint 1307. La fin manque.
3. Mandement de Hugues de Besançon, chantre de Paris, commissaire de Jean XXII, touchant la prébende dont Thierri d'Hireçon, prévôt d'Aire, était pourvu dans la cathédrale de Laon. 27 octobre 1317.
4. Acte de l'officialité de Paris touchant une somme que maître Thierri d'Hireçon, prévôt d'Aire, réclamait à Jean de Lignes. 1317.
5. « Fais et articles contre Simon de Vaus le sergent. »
6. Compte du bailli d'Avesnes et d'Aubigni, de la Toussaint 1322. La fin manque.
7. Déclaration faite à l'abbé d'Anchin par Hugues de Dourier, clerc de la baillie de Hesdin, touchant l'exemption des décimes que réclamait Thierri d'Hireçon, pour la maison de Bonnières. 23 septembre 1323.
8. Copie de plusieurs chartes relatives à la terre de Renty. 20 septembre 1326.

9. Acte relatif aux différends de la comtesse d'Artois et du seigneur de Bailleul, en 1328. — Y est inséré un mandement du roi Philippe de Valois, daté d'Arras, le 8 août 1328.

10. Procès-verbal de l'installation des vicaires généraux de Thierri d'Hireçon, élu évêque d'Arras. 28 mars 1328 (n. st.).

11. Charte du roi Philippe de Valois pour Mahaut, comtesse d'Artois. A Paris, 28 mars 1328 (v. st.).

12. Procédure de l'officialité d'Arras contre Jacques Rondelet, clerc d'Arras, accusé d'avoir commis un faux à l'instigation de la demoiselle de Divion, dans l'intérêt de Robert d'Artois. 3 juin 1329.

13. « Che sont li compte Jake Cornille, des oevres faites au castel a Hesdin et es appartenaches de ychellui, depuis le jour de le Toussains l'an de grace MCCCXXXII juskes par tout le jour de le Candelier prochain après ensuiant. »

14. Arrêt du Parlement au sujet d'un gibet que les religieux d'Anchin avaient indûment élevé à Bonnières. 19 avril 1333.

15. Quittance d'une somme payée à Marie de Belemote par Gilles, chevalier, seigneur de Blecy, bailli d'Arras. Novembre 1333.

16. Échange entre l'hôpital de Hesdin et le comte d'Artois. 1333, « le venredi devant Pasques flouries. »

17. Accord entre le comte d'Artois et l'abbaye d'Anchin, fait au parlement, le 11 mai 1334. Copie du mois de juillet 1334, suivie de la copie d'une charte d'Eudes, duc de Bourgogne, comte d'Artois et de Bourgogne palatin et sire de Salins, datée de juillet 1334.

18. Mandement de Hugues, évêque de Chalon, gouverneur du comté d'Artois, au bailli de Saint-Omer, au sujet d'un conflit survenu à Calais entre le bailli de Calais et Hue Colue, chef d'une troupe de soudoyers. 25 octobre 1336.

19. Acte émané de Gilles, sire de Blecy, chevalier, bailli d'Arras, portant que Hue de Dourier, procureur du comte d'Artois, en vertu d'une procuration de l'année 1336, s'est substitué en la même qualité Jehan le Louchier, clerc de la baillie de Hesdin, et Jaquemart, clerc du prieur de Saint-Georges de Hesdin. 1339, « le dimence prochain après le saint sacrement. »

20. « Rechoipte de le boiste de Calais dou terme de le Toussains l'an 1342, du tamps Pierron de Ham, garde de le baillie de Calais. » Rôle dont la fin manque.

21. Bail à Michel de Tenques, bourgeois d'Arras, de biens

échus au comte d'Artois par la succession de feu Perot du Brekin, bâtard. 6 juin 1352.

22. Mandement de Marguerite de France, comtesse de Flandre, de Nevers et de Rethelois, daté d'Arras le 22 octobre 1360.

23. Quittance de sommes payées pour différents travaux exécutés au château de Rihoult. 8 juin 1365.

24. Acte du prévôt de Beauquesne relatif à un procès entre le Bleno de Lambres, écuyer, et Jeanne Blondelle, veuve de Jean le Tauvernier, d'une part, et la comtesse d'Artois, d'autre part. 21 janvier 1365 (v. st.).

25. Mandement de Marguerite de France, comtesse de Flandre, daté de Bapaumes, le 8 mai 1374.

26. Quittance de Jean du Ries, maçon, pour travaux faits à la maison de la châtellerie d'Arras. 17 août 1374.

27. « Chest le devise de carpenterie que madame la contesse d'Artois voelt faire a le maison de le chastellerie d'Arras. » [1374.]

28. Déclaration des gens du conseil de la comtesse d'Artois à Arras sur les travaux de charpenterie exécutés par Pierot d'Estroen, charpentier. 28 septembre 1374.

29. Quittance dudit Pierot d'Estroen. 30 septembre 1374.

30. Grande ordonnance du maire, des échevins et de la communauté d'Arras sur la draperie de cette ville. 20 novembre 1377.

31. Certificat relatif à des travaux exécutés au château de Bellemote lez Arras, pour le défendre « à l'encontre des Englés lesquelx sont embatu en le conté d'Artois. » 10 juillet 1380.

32. Rémission accordée par Marguerite de France, comtesse de Flandre, à Hanequin Drieux, banni de Saint-Omer. A Saint-Omer, le 6 décembre 1380. — Copie du 10 décembre 1380.

33. « Che sont les ouvrages et refections fais au castel de Saint Omer, depuis le terme de le Toussains l'an mil ccc iii^{xx} et trois... »

34. Quittance des sommes payées pour lesdits travaux. 12 mars 1384.

35. Transaction entre Philippe, duc de Bourgogne, et Guillaume, fils aîné du comte de Namur, sire de Béthune : la terre de Lescluse reste au duc de Bourgogne; Béthune et la Bouissière seront audit Guillaume. A Arras, 1 décembre 1386. — Y est inséré le traité conclu à Paris le 8 août 1386 entre Philippe, duc de Bourgogne, et Marguerite, sa femme, d'une part, et Guil-

laume, fils aîné du comte de Namur, et Marie de Bar, sa femme, d'autre part. — Copie certifiée par les échevins de Béthune, le 28 décembre 1386.

36. Mandement du roi Charles VI, touchant les trois sergents royaux qui pouvaient exploiter dans la châtellerie de Bapaumes. A Paris, 18 avril 1404. — Y est insérée une lettre du même roi, datée de Paris, le 17 mars 1382.

Nouv. acq. lat. 2330.

XXXII

Collection de 32 chartes originales, du XIIe *au* XVIIIe *siècle, dont les quinze premières (n*^{os} *1-15) se rapportent à la Picardie, et dont les dix-sept autres (n*^{os} *16-32) concernent la Normandie.*

1. Bulle de Pascal II portant confirmation de plusieurs autels au chapitre de Saint-Quentin. 24 février 1116. (N° 4880 de Jaffé; n° 6506 de l'édition de Loewenfeld.)

2. Accord entre l'église de Saint-Jean des Vignes et le monastère de Longpont. 1201.

3. Autorisation de racheter des dîmes accordée par Innocent IV à l'abbé de Saint-Jean des Vignes. 21 février 1251. « Devotionis vestre... Lugduni, 9 kl. martii, p. n. anno octavo. »

4. Bulle d'indulgences accordée par Alexandre IV pour la translation du corps de saint Quentin. 1 octobre 1255. Potthast, n° 16032.

5. Autorisation donnée par le pape Nicolas III à l'abbaye de Saint-Jean des Vignes de recueillir les successions pouvant échoir aux personnes libres qui auraient fait profession dans le monastère. 13 août 1278. « Devotionis vestre... Viterbii, idibus augusti, p. n. anno primo. »

6. Pouvoir donné par Adam, abbé de Longpont, à un de ses religieux pour accepter l'arbitrage du cardinal Gérard, évêque de Sabine, dans un différend avec l'abbaye de Saint-Jean des Vignes. 24 octobre 1290.

7. Accord entre Agnès, abbesse de Notre-Dame de Jouarre, et l'abbaye de Saint-Jean des Vignes. Novembre 1305.

8. Accord entre les abbayes du Valchrétien et de Saint-Jean des Vignes. Mars 1322 (v. st.).

9. Reconnaissance de l'acte précédent par Bertran, abbé de Notre-Dame du Valchrétien. 1323, « le juedi après les trois semainnes de pasques commenians. »

10. Accord entre Jean de Saint-Phale, écuyer, seigneur de Beaune, et l'abbaye de Saint-Jean des Vignes. 2 avril 1328.

11. Sentence prononcée par Fauvel de Wadencourt, bailli de Vermandois, dans un procès du chapitre de Laon contre feu Robert de Mesbecourt, écuyer. 27 mai 1335.

12. Reconnaissance de Thevenot Naquart, pêcheur, demeurant à la Ferté-Milon, pour des droits appartenant à l'abbaye de Saint-Jean des Vignes. 1343.

13. Acte du prévôt de Clermont, touchant les biens situés à Rémérangles, qui furent cédés à Robert de Sains, chevalier, par Pierre de Milly, chevalier, seigneur de Moiemont et de Sains en Beauvoisin, et par Johanne de Chantemelle, femme dudit Pierre. 9 février 1368 (v. st.).

14. Sentence prononcée par Enguerran de Vaussaillon, lieutenant du bailli de Vermandois, pour les chapelains de la compagnie ou confrérie de l'église de Laon contre Jacques de Clèves. 14 juin 1409. — Dans la sentence est insérée une lettre de Charles VI, datée de Paris, le 17 mai 1386.

15. Don fait à l'abbaye de Saint-Jean des Vignes d'une maison sise à Ambleny appartenant à Jehan Bombaille, bourgeois de Soissons. 15 décembre 1444.

16. Charte de Roger Broaut pour l'abbaye de la Trappe. Mars 1225 (v. st.).

17. Accord entre Gohier de Morville, seigneur de Chennebrun, chevalier, et l'abbaye de la Trappe. A l'assise de Verneuil, 10 septembre 1276.

18. Acte par lequel Gervais Callart, écuyer, et sa femme Isabelle, fille de feu Robert de la Rivière, chevalier, baillent à Gui de Doucelle, chevalier, ce qu'ils avaient en la seigneurie de Saint-Christophe. 31 juillet 1321.

19. Obligation de « Michael de Raeya, » pour une rente de 18 s. t. due aux religieux de la Trappe sur une pièce de terre sise à Saint-Christophe. 1324.

20. Vente d'une rente de 5 s. 6 d., faite par Robert En jois, de

la paroisse de Beaulieu, au profit de Jeanne Petitmestre. Acte passé devant le tabellion de la viconté de Verneuil, le 24 avril 1346.

21. Transaction entre Gillebert, sire de Tillières, et Jehan du Broullat, chevalier, sire de Saint-Christophe. 19 mars 1377 (v. st).

22. Acte du tabellionage de Verneuil, touchant la renonciation de Perrin et de Richart les Mercerez, frères, aux droits que feu leur père pouvait avoir sur la succession de feu Jehan le Court. 14 février 1385 (v. st.).

23. Prise à fieffe par Jehan Chesnel, de la paroisse de Saint-Lambert de Gournai, d'une terre tenue de Gervesot du Buat, écuyer. 2 mars 1403 (v. st.).

24. Prise à rente par Jehan le Marignier, le jeune, de Saint-Lambert de Gournai, d'une terre tenue de Liot Tournebeuf, écuyer, seigneur de Gournai le Guérin. 23 novembre 1407.

25. Prise à rente par Johan Guillaumet, de la paroisse de Saint-Christophe, d'un manoir tenu de Nicolas le Conte, écuyer. 15 octobre 1469.

26, 27 et 28. Trois actes de 1482 et 1496, dans lesquels figure Jean Vauquelin, écuyer, sieur des Yveteaux.

29. Quittance d'une somme payée, par ordre des conseillers de la ville de Rouen, à Étienne Guiffart, maître des ouvrages de maçonnerie de ladite ville. 1541.

30. Fragment d'un compte mentionnant des rentes constituées sur la recette générale des finances à Rouen. 1583.

31 et 32. Actes de 1739 et 1777 relatifs aux confréries du Rosaire et de la Charité établies en l'église d'Yvetot.

Nouv. acq. lat. 2329.

XXXIII

Extrait des cartulaires de l'abbaye de Notre Dame du Val, au diocèse de Paris.

I. « Abrégé des titres du premier cartulaire de l'abbaie

du Val, dans l'ordre des temps, achevé le 20ᵉ de décembre 1669. » (Fol. 1-108.)

II. « Abrégé des titres du deuxième cartulaire de l'abbaie du Val, dans l'ordre des temps, achevé le 24ᵉ octobre 1673. » (Fol. 109-160.)

III. « Abrégé des titres du troisième cartulaire de l'abbaye du Val, dans l'ordre des temps, achevé le 25 octobre 1675. » (Fol. 161-247.)

Volume en papier. Environ 260 feuillets. 150 millimètres sur 88. Écriture des années 1669-1675, ou environ.

Nouv. acq. franç. 4466.

XXXIV

« *Poullié de tous les bénéfices du diocèse de Sens, leurs collateurs, possesseurs, revenus et décimes tant ordinaires qu'extraordinaires, tiré du Grand poullié des bénéfices de France et des registres du clergé dudit Sens.* »

Volume en papier. 176 pages, plus une carte pour chaque doyenné. 225 millimètres sur 170. Plusieurs cartes sont datées de 1728.

Nouv. acq. franç. 4463.

XXXV

Catalogue des officiaux de Sens depuis l'année 1202 jusqu'en 1650. Offert le 16 février 1650 par J. Le Riche à Charles de Hanniques de Benjamin, vicaire général et official de l'archevêque de Sens. En tête, anagramme et épigramme signés par P. Le Riche.

Volume en papier. 27 feuillets. 160 millimètres sur 110. Écriture de l'année 1650.
Nouv. acq. franç. 4467.

XXXVI

« *Pouillier du diocèse de Troyes, contenant tous les bénéfices du diocèse, leurs revenus et le nombre des communians.* »

Cahier de papier. 37 pages. 325 millimètres sur 214. Écriture du xviiie siècle.
Nouv. acq. franç. 6165.

XXXVII

Pouillé du diocèse de Toul, ou extraits des registres de la chambre épiscopale de ce diocèse, depuis 1447 jusqu'en 1742.

Il est intitulé « Poleum universale diœcesis Tullensis, anno M. DCC. XXXIII, » et a été dédié par l'auteur, N. A. Lamant, à Scipion-Jérôme Bégon, évêque de Toul.

Volume en parchemin, de 376 feuillets, plus 7 feuillets préliminaires cotés A-G. 402 millimètres sur 260. Écrit en 1733 et dans les années suivantes.

Une description détaillée de ce volume a été publiée par Henri Lepage dans son *Pouillé du diocèse de Toul* (Nancy, 1863, in-8°), p. xiv et xv.

Nouv. acq. lat. 2326.

XXXVIII

Recueil de dix pièces de l'abbaye de Cluni, depuis 1029 jusqu'en 1589.

En voici le détail :

1. Diplôme de Rodolfe, roi de Bourgogne, portant concession à l'abbaye de Cluni de l'église de Saint-Blaise, dans le comté de Genève. 15 janvier 1029, « in villa Tabernis. » Böhmer, n° 1527.
2. Bulle de Léon IX, adressée à Hugues, abbé de Cluni. 10 juin 1049. Jaffé, n° 3171; éd. Löwenfeld, n° 4169.
3. Bulle d'Urbain III relative au monastère de Baume. 4 mars 1186. Jaffé, n° 9804; éd. Löwenfeld, n° 15542.
4. Charte de Rainaud, archevêque de Lyon, et d'Ainard, archevêque de Vienne, touchant la maison de Ternay, qui comptait parmi ses bienfaiteurs Herbert, abbé de Saint-Theudère, « Didagus Lupi de Hyspania, » et Raimond, évêque de Lodève. Juillet 1297. Sceaux des deux archevêques.
5. Lettre d'Alexandre IV touchant les revenus de la prébende que l'abbaye de Cluni avait dans la cathédrale de Chartres. 31 mars 1256. « Justis petentium .. Dat. Laterani, 2 kal. apr., pontificatus anno secundo. »
6. Promesse de prières faite à Mahaut, comtesse d'Artois, par Pierre, abbé de Cluni. 4 mai 1326.
7. Recommandation adressée par le pape Grégoire XI à l'abbé de Cluni pour Guibert, abbé de Figeac. Avignon, 13 février 1376.
8. Quittance des maîtres et des écoliers du collège de Cluni. 9 mai 1511.
9. Acte du 20 octobre 1518 relatif au droit de colombier qui

appartenait exclusivement à l'abbé de Cluni dans les limites de la juridiction de l'abbaye. Y sont insérées des lettres de François Ier, datées de Paris le 27 août 1518, en faveur de son conseiller et aumônier ordinaire Emard de Boys, abbé de Cluni et de Saint-Denis en France.

10. Procès-verbal du serment prêté à la Ligue par les ecclésiastiques de Cluni. 1589.

Nouv. acq. lat. 2327.

XXXIX

Chronique et documents divers relatifs à l'abbaye de Cluni.

Fol. 1. Chronique de Cluni, composée par « Franciscus de Rivo, » du temps de l'abbé Jacques d'Amboise (1485-1510). Publiée dans *Bibliotheca Cluniacensis*, col. 1627-1685. — Cet exemplaire renferme, au fol. 14, les pièces de vers qu'on trouve dans *Bibl. Clun.*, col. 329-332, sous le titre de « Jotsaldi monachi planctus de transitu domni Odilonis, abbatis Cluniacensis. »

Fol. 72 v°. Sommaire des privilèges accordés par différents papes à l'abbaye de Cluni. Publié dans *Bibl. Clun.*, col. 1688-1704.

Fol. 85. « Incipit tractatus excepcionis capitis sancti Clementis, pape et martyris, ab Constantinopoli in Cluniacum translati, quem edidit magister Rostangnus, Cluniacensis monachus. » Publié dans *Bibl. Clun.*, col. 1481-1490.

Fol. 90 v°. « Quomodo tabula sancti Basilii magnam in se dominici ligni continens portionem Cluniacum delata fuerit. » Publié dans *Bibl. Clun.*, col. 561-564.

Fol. 92 v°. « Quomodo reliquie beati Stephani prothomartyris Cluniacum delate fuerunt. » Publié dans *Bibl. Clun.*, col. 565-568.

Fol. 95. « Quomodo cineres apostolorum Petri et Pauli Cluniacum delati fuerunt. Patri serenissimo Cluniacensis abbatie Poncio, domino suo, servus Hugo. Dum tuam, pater, excellentiam penso... » Cette lettre du moine Hugues a été publiée en partie dans *Bibl. Clun.*, col. 461-464.

Fol. 97. « Epistola Petri Damiani, Hostiensis episcopi, ad Cluniacense monasterium missa. Vere sanctis et angelica veneratione colendis, Cluniacensis monasterii fratribus, P. peccator monachus, jugem in Domino servitutem. Nolo vos lateat, dilectissimi, quia revertentem a vobis gravis me tedii meror obsorbuit... »

Fol. 102 v°. Lettre de Clément IV sur les revenus des pitances de Cluni. 28 juillet 1267. (Potthast, n° 20,099.)

Fol. 103 v°. Charte de Henri, abbé de Cluni. 26 mai 1316.

Fol. 105. Obligation du doyen de Notre-Dame de Gaye. 1313.

Fol 106, 106 v° et 107 v°. Trois chartes d'Yves II, abbé de Cluni. 22 août 1275, 2 août 1279 et 28 avril 1282.

Fol. 109. « De scismate Cluniacensi per prædictum Poncium, qui abbas fuerat, concitato. Dehinc non plenis, ut mihi videtur, duobus annis transactis, insurrexit nota illa contra Christi naviculam, hoc est Cluniacensem ecclesiam, horrenda tempestas... »

— Fol 110 v°. « De fine scandali Cluniacensis et sapientia donni Mathei. Decesserat jam vita supra scriptus venerandus papa Calixtus, nec se inferiorem papam Honorium acceperat successorem... »

Volume en papier. 112 feuillets. 265 millimètres sur 187. Écriture du xvie siècle.

Note mise au bas de la première page : « Frater Henricus Girard, prior Sancti Stephani Nivernensis et procurator generalis ordinis, hujus libri fiduciarius custos. »

Nouv. acq. lat. 1578.

XL et XLI

Histoire de l'observance de Cluni, depuis l'année 1600, jusqu'en l'année 1680.

Elle consiste en deux volumes, qui portent au dos

le titre : « Historia observantiæ Cluniacensis. » Manuscrit original.

Vol. I. De 1600 à 1640. En papier. 745 pages, 263 millimètres sur 190.

Vol. II. De 1641 à 1680. En papier, 766 pages, 263 millimètres sur 190.

Nouv. acq. lat. 1580 et 1581.

XLII

Martyrologe et obituaire de l'abbaye de Montfort en Bretagne.

P. 3. Martyrologe d'Usuard, à la fin duquel le copiste a mis ces deux vers (p. 130) :

> Hunc Gaufridus ego librum, Bernarde, peregi,
> Et quia tu prior es mercedem solvere debes.

Sur les marges du martyrologe, diverses mains, du xiie au xve siècle, ont ajouté des notes relatives à l'anniversaire des abbés, des chanoines et des bienfaiteurs de l'abbaye de Montfort.

P. 131. Cérémonial de la réception d'un novice.

P. 133. Règle de saint Augustin. « Ante omnia, fratres karissimi, diligatur Deus... »

P. 153. « Incipit liber Soliloquiorum Isidori, Ispaliensis urbis episcopi, incipit feliciter. In subsequenti hoc libro qui noncupatur Sinonima... »

P. 198. Sermons ou méditations.

P. 250 et 303. Règles de comput.

P. 251. Constitutions pour une maison religieuse.

P. 275. « Translatio sancti Augustini episcopi. Beatus Augustinus dum in Hipponensi sepultus esset regione... » —
P. 277. « Incipit vita sancti patris nostri Augustini. Beatus igitur Augustinus ex provincia Affricana, civitate Tagastensi, ex numero curialium... »

P. 300. Articles tirés d'un pénitentiel.

P. 301. Poëme sur la ruine de Troie : « Pergama flere volo... » Addition du xiiie siècle.

P. 303. Vers destinés à rappeler certains principes de droit canon.

Le feuillet de garde du commencement est formé d'un débris d'acte relatif aux dîmes de la paroisse de Saint-Malo, du commencement du xive siècle.

Sur les pages 93, 130, 149, 150, 273, 274 et 300 sont copiées différentes notes et chartes concernant l'abbaye de Montfort : note relative à la perte et au remplacement du sceau de l'abbaye (p. 93); distique sur la date de la fondation de cette maison (p. 130); accord entre les religieux et les bourgeois de Montfort sur la franchise du bouteillage (p. 130).

Volume en parchemin. 304 pages. 236 millimètres sur 156. Écriture à longues lignes, de la fin du xiie siècle, sauf les morceaux ajoutés après coup.

Jadis n° 95 des manuscrits de la cathédrale de Tours.

— Voyez *Notices et extraits des manuscrits*, t. xxxi, 1re partie, p. 262-264.

Nouv. acq. lat. 429.

XLIII

Formulaire de lettres, commençant par ces mots : « *Vir venerabilis et discretus archidiaconus Trecorensis, dilecto sibi in Christo G. rectori ecclesie talis loci, salutem in Domino.* »

Ce recueil renferme plusieurs formules datées de 1313 (fol. 6 v°), de 1314 (fol. 15 v°) et de 1315 (fol. 20 v°). Il a dû être formé dans le diocèse de Tréguier, dont le nom revient à chaque page. Il sera analysé dans le tome XXXI de l'*Histoire littéraire de la France.*

Volume en parchemin. 21 feuillets. 155 millimètres sur 140. Écriture du commencement du xive siècle. Provenu de l'abbaye de Marmoutier; n° CCLXXXI ou 276 du catalogue de dom Gérou, annoté par Chalmel; voyez *Notices et extraits des manuscrits,* t. XXXI, part. I, p. 337.

Nouv. acq. lat. 426.

XLIV

Collection de 35 pièces originales, sur parchemin, du XIIe *au* XVIIIe *siècle, relatives à diverses localités ou à diverses familles de l'Italie.*

En voici le détail :

1. Concession de terres faite par Guillaume, duc de [Pouille], fils du duc Roger, à Pierre, fils de feu le comte Romoald, appelé le Gras. Octobre 1123.

2. Donation faite à « Bagnella Puncilla de Neapoli, » par Roger de Saint-Severin. 13 mars 1374.

3. Acte du 28 mars 1382, relatif à une donation faite par Charles III, roi de Sicile, à « Richardus de Agello de Salerno, » chevalier. 28 mars 1382.

4. Prise de possession du château de « Ebolum » par « Riccardus de Agello de Salerno. » 1383.

5. Charte de Charles III, roi de Sicile, pour « Richardus de Agello de Salerno. » 25 mai 1384.

6. Charte de « Thomasius de Sancto Severino, » pour « domina Rica Gentitor., uxor domini Riccardi de Agello de Salerno. » 16 janvier 1385.

7. Charte de Marguerite, reine de Hongrie et de Sicile, pour « Riccardus de Agello de Salerno. » 9 août 1388.

8. Charte de Ladislas, roi de Hongrie et de Sicile, pour le même. 11 août 1388.

9. Charte du même pour le même. 7 juillet 1390.

10. Charte du même pour « Ludovicus de Agello de Salerno. » 28 août 1392.

11. Copie délivrée le 21 février 1397 par le juge de « Ebolum » d'une charte de Marguerite, reine de Hongrie et de Sicile, « pour Riccardus de Agello », en date du 18 octobre, indiction V.

12. Charte de Ladislas, roi de Hongrie et de Sicile, pour « Riccardus de Agello. » 30 mars 1398.

13. Rémission accordée par le roi Ladislas à « Matheus de Agello de Salerno. » 23 décembre 1400.

14. Copie délivrée le 24 septembre 1402 de chartes du roi Ladislas pour « Richardus de Agello, » en date du 12 février 1387 et du 6 juillet 1390.

15. Copie délivrée le 27 octobre 1402 d'une cédule du roi Ladislas pour « Riccardus de Agello, » en date du 13 octobre, indiction XI.

16. Charte d'Isabelle, reine de Jérusalem et de Sicile, pour « Colas de Castillione. » 17 novembre 1435.

17. Sentence arbitrale pour terminer un différend entre « Paulus de Miat. de Apetina, » et « Antonellus de Agello, de Salerno. » 27 avril 1455.

18. Fragment d'une lettre, au bas duquel est le nom de François Foscari, doge de Venise. Avant 1457.

19. Charte de Jean, duc de Calabre, pour « Franciscus de Agello de Salerno. » 12 juillet 1460.

20. Charte de Ferdinand, roi de Sicile, pour le même. 15 septembre 1464.

21. Charte du même pour « Riccardus et Antonellus de Agello. » 5 juillet 1465.

22. Bail emphytéotique d'une maison sise à Padoue. 21 mai 1477. — A la suite est un acte du 30 août 1483.

23. Acte passé à « Ebolum » le 8 avril 1483, dans lequel est inséré un mandement de la chambre royale, du 27 septembre 1468, relatif à la franchise de droits dont jouissait « Franciscus de Agello » pour le transport de ses denrées.

24. Achat d'une pièce de terre située « in territorio de Conido, in contrata Mezarole. » 1er décembre 1490.

25, 26 et 27. Trois actes du 20 mars 1491, jadis cotés 38, 39 et 40, passés au profit de « magnificus comes dominus Joannes Franciscus de Martinengo. »

28. Prise de possession du château « de l'Apetina » par « dominus Bernabas Caragulus. » 7 janvier 1498. Y est inséré un mandement du roi Frédéric, daté du 29 décembre 1497, » in castris nostris felicibus apud Dianum. »

29. Vente ou échange d'un pressoir, consenti par « magnificus comes Hercules ex comitibus terre Barchi, civis nobilis Brix[ianus]. » 6 octobre 1534.

30. Lettre de Franc. Venerio, doge de Venise, créant colonel le comte Hercule Martinengo, ci-devant gouverneur de Candie. 17 août 1555.

31. Acte relatif au collège fondé à Padoue par Jacques Cauco, archevêque de Corfou. 9 septembre 1572.

32. Actes du 10 et du 21 avril 1599, se rattachant au testament de feu Jacques Cauco, archevêque de Corfou.

33. Vente d'un champ situé au territoire de Padoue, « nella villa de Fossa Lovara. » 14 mai 1612.

34. Vente d'une maison située à Padoue près du « pestrino de S. Stefano. » 26 janvier 1628.

35. Acte relatif au testament de Marieta Moro, veuve de Lunardo Cocco. 29 décembre 1714.

Nouv. acq. lat. 2331.

XLV

Relations concernant les affaires de l'Italie et de la papauté.

Fol. 4. « Relatione del Delfino cavaliere et procuratore ritornato ambasciadore da Roma l'anno 1598. »

Fol. 81. « Conclave della sede vacante di papa Clemente VIII, dove fu creato papa Leone XI. »

Fol. 145. » Conclave della sede vacante di papa Leone XI, dove fu creato papa il cardinal Borghese chiamatosi Pauolo V. »

Volume en papier. 199 feuillets. 250 millimètres sur

197. Écriture italienne du xviie siècle.
Italien 2031.

XLVI

Proverbialia documenta philosophorum.

Fol. 1. Titre et premiers mots : « Incipiunt quinquaginta bona proverbialia documenta philosophorum et sapientum quondam hujus mundi in rimis ordinata : Juvenis stans in timore, Et parentum in honore, In divino servicio, Pauperum amore pio, Et ad mala timorosus, Nec piger sit nec gulosus; Si longua vita duxerit Magno in honore erit. »

Les autorités citées en marge sont : Aristote, Boëce, Caton, Cicéron, David, Diogène, Eusèbe, Horace, Isidore, « Julius, » Juvénal, Lucain, Macer, Macrobe, « Minor, » Ovide, Perse, Platon, les Poètes, les Sages, Salluste, Salomon, Socrate, « Talo, » Térence, Tobie, Virgile.

Fol. 6. « De domino nummo. » Pièce de 46 vers dont les premiers sont :

> In terris summus rex est hoc tempore nummus;
> Nummum mirantur reges et ei famulantur.

Cahier de parchemin. 7 feuillets. 170 millimètres sur 124. Écriture du xive siècle.
Nouv. acq. lat. 431.

XLVII

Recueil de poésies pieuses en italien, commençant ainsi : « *Nella concettione della Madonna, Quando l'alto principio Alma gentile...* »

Volume en papier. 154 pages. 155 millimètres sur 103. Écriture du xviie siècle.
Italien, 2029.

XLVIII

Etudes indiennes.

Recueil, intitulé au dos du volume : « Essais sur la haute antiquité, tome I. » Les notes ou les traductions dont il se compose portent les titres suivants : « Des différentes époques. — Brahma (fol. 17). — Wisnou (fol. 24). — Sib (fol. 28). — Pouléar (fol. 40). — Boudda (fol. 44). — Sur Saturne Sani (fol. 50). — Religion (fol. 55). — Krichna (fol. 64). — Des races humaines (fol. 74). — Des géans (fol. 79). — Des deous, dives ou titans (fol. 82). — Des titans arriers (fol. 98). — Arie (fol. 100). — Atlantide (fol. 108). — Cataclisme (fol. 115). — Formation des mythologies (fol. 127). — Sur les hiéroglyphes et les sphinx (fol. 133). — Chronologie (fol. 144). — Coutumes (fol. 146). — Chronologie (fol. 162). — Ram (fol. 175). — Sur la nature des dieux (fol. 177). — Brames (fol. 180). — Koukouvai, traduction d'un poëme sanscrit (fol. 211). — Sur les pagodes d'Eloura (fol. 251). — Devis des frais d'impression d'ouvrages en sanscrit (fol. 260).

L'auteur était un français, qui avait habité l'Inde; il écrivait en 1791 (fol. 8), en 1802 (fol. 59), et en 1805 (fol. 59 v°).

Volume en papier. 260 feuillets. 276 millimètres sur 174. Écriture du commencement du xixe siècle.
Nouv. acq. franç. 6167.

XLIX

Fragments de quatorze manuscrits, provenus pour la plupart d'anciennes reliures.

Fol. 1 et 2. Double feuillet d'un recueil d'homélies sur les évangiles ; grand ms. à deux colonnes, du x⁰ siècle.

Fol. 3. Feuillet du ms. qui portait jadis le n° 88 à Saint-Martin de Tours. Ce manuscrit renfermait le commentaire de Philippe sur Job ; on y avait remarqué, dans la couverture, un fragment de papyrus que Montfaucon a fait connaître. Voyez *Palæographia græca*, p. 215 et 216, et *Notices et extraits des manuscrits*, t. XXXI, Ire partie, p. 214 et 215, n° xxxix de la *Notice sur les manuscrits disparus de la bibliothèque de Tours*.

Fol. 4. Feuillet d'un grand glossaire latin, copié sur trois colonnes, au xi⁰ siècle. En voici quelques lignes : « Plac. Aegre, vix, pene, non. — Cicero. Aegre, dolentes, acerbe. — Aegre, iniqui animo dolentes, aegre, graviter, male. — De gl[osis]. Aegri, infirmi, aut solliciti, aut tristes. — Virgilius. Aegris, laboriosis, ægris, fatigatis. — Cicero. Aegris, lesis, lassis, vel tristibus. » Ce fragment doit venir de l'abbaye de Cluni.

Fol. 5-8. Quatre feuillets jadis placés à la fin d'un manuscrit des Célestins de Marcoussis. — Fol. 5. « Explicit omelia octava. Incipit nona. Quanquam in ymagine ambulet homo... » — Fol. 8. Expliciunt novem Origenis omelie. » Écriture de la fin du xiii⁰ siècle, à deux colonnes.

Fol. 10 et 11. Fragment d'un martyrologe, avec notes nécrologiques. xiii⁰ siècle.

Fol. 12. Fragment d'un martyrologe, avec notes nécrologiques. xiv⁰ siècle.

Fol. 14 et 15. Fragment de statuts d'une corporation de drapiers, en français. Double exemplaire incomplet, du xiii⁰ et du xiv⁰ siècle.

Fol. 22. Actes judiciaires de la commune de Fano. 1286.

Fol. 23 et 24. Double feuillet d'un manuscrit du grand Saint-Graal, exemplaire in-folio, à trois colonnes, de la fin du xiii⁰ siècle. Voyez l'édition du Saint-Graal donnée par M. Hucher, t. III, p.'187 et 755 (indication de M. Gaston Paris).

Fol. 25 et 26. Fragment du roman de Lancelot, ms. petit in-folio, à deux colonnes, de la fin du XIIIe siècle. Voyez Paulin Paris, *Les Romans de la Table ronde,* t. III, p. 82.

Nouv. acq. lat. 2332.

NOTICE

SUR UN RECUEIL HISTORIQUE

DU COMMENCEMENT DU XVIIIe SIÈCLE

Un homme dont l'esprit curieux s'intéressait à toutes les branches des connaissances humaines, et dont le goût éclairé n'était insensible à aucune des productions de l'art, un savant dont l'intelligence sans cesse en éveil embrassait tout ce qui touche à l'histoire du monde depuis les premiers âges de la terre jusqu'aux événements contemporains, voilà en peu de mots ce qu'était M. Jules Desnoyers, mort au mois de septembre de l'année dernière, membre de l'Académie des Inscriptions et Belles-Lettres, bibliothécaire au Muséum d'histoire naturelle. Ses travaux et ses mémoires prouvent qu'il savait traiter avec la même compétence une question de géologie, d'archéologie ou d'histoire; il possédait un savoir considérable, qu'il cherchait toujours à augmenter; il préparait mille travaux divers, et pendant le cours de sa longue carrière, il a réuni les éléments d'un grand nombre de collections : fossiles des différents terrains, objets de l'âge de pierre et de l'âge de bronze, médailles, chartes et manuscrits, livres, reliures et autographes. Malgré le pillage dont toutes ces différentes collections eurent à souffrir à Montmorency pendant l'occupation allemande de 1871, chacune d'elles pourrait encore être l'objet d'intéressantes monographies.

La bibliothèque, qui est considérable, mériterait à elle seule une longue notice; son importance peut être appréciée par les pages qu'on vient de lire, et dans lesquelles une partie seulement de l'ensemble a été passée en revue; M. Léopold Delisle s'est attaché principalement à décrire les pièces entrées à la Bibliothèque Nationale. Il l'a fait non-seulement avec sa haute compétence, mais aussi en souvenir de l'affection profonde qui l'unissait à M. Desnoyers; il nous montre quels résultats pouvait atteindre, il y a quarante ou cinquante ans, un homme instruit qui savait trouver dans la plus modeste librairie un livre rare ou une pièce curieuse, et qui, plus d'une fois, a découvert chez un marchand de vieux papiers et de parchemins, une charte du moyen âge ou une bulle pontificale. Hélas! il est loin de nous cet heureux temps des trouvailles chez les bouquinistes des quais.

Je n'ai pas la prétention de donner une description même sommaire du cabinet de M. Desnoyers, je voudrais seulement présenter une analyse aussi brève que possible de l'une des pièces de cette bibliothèque que le vent des enchères va disperser bientôt.

Il s'agit d'une collection [1] formée au jour le jour par un amateur qui vivait pendant la seconde moitié du règne de Louis XIV et sous la Régence; aucun indice n'a permis de retrouver son nom, mais c'était assuré-

---

[1]. Avant d'être entre les mains de M. Desnoyers, cette collection avait appartenu au baron Walckenaer, secrétaire perpétuel de l'Académie des Inscriptions.

ment un esprit curieux de l'actualité; il s'intéressait à tous les événements contemporains et se plaisait à réunir les documents qui lui paraissaient présenter quelque intérêt historique ou anecdotique; il a formé ainsi un recueil de huit gros volumes in-4° et in-folio qui commence vers 1690 et qui s'arrête en 1723.

C'est un assemblage de gravures, de caricatures, de documents manuscrits et imprimés, *Pièces fugitives*, comme on les a intitulées avec raison; car, par leur nature même, elles sont destinées à disparaître rapidement, et, bien que ne remontant pas à une époque éloignée de nous, quelques-unes d'entre elles sont déjà devenues rares. Tels sont, par exemple, ces grands calendriers si répandus à la fin du xviie et au commencement du xviiie siècle : dans la partie inférieure, sont imprimés en fins caractères les mois et les jours de l'année nouvelle; au-dessus, une grande gravure représente les principaux événements de l'année précédente; ces pièces ont été entre les mains de tout le monde, mais personne n'a songé à les conserver; on les jetait une fois la Saint-Sylvestre passée, et sur quelques-unes d'entre elles on retrouve des traits de couleur maladroitement tracés qui prouvent qu'on les abandonnait sans scrupule à quelque précoce barbouilleur. Aujourd'hui, on recueille avec soin tous ces souvenirs du passé; à la Bibliothèque Nationale, le département des Estampes les classe et les inventorie, comme on peut le voir dans la collection Fontette et dans la collection Hennin.

Que contient encore notre recueil? Des chansons, beaucoup de chansons, tantôt pour célébrer une victoire, tantôt pour raconter une mésaventure intime; souvent le texte est manuscrit, quelquefois il est imprimé; c'est une feuille, une plaquette qu'on achetait dans la rue et dont on s'amusait un instant. Ou bien, c'est une épigramme que les arrêtés du lieutenant de police n'avaient pu empêcher de venir de Hollande en France, et qu'on se montrait en cachette, avec l'attrait du fruit défendu. C'est encore un refrain grivois qu'on avait entendu dans une fête populaire, ou qu'on avait chanté dans un petit souper ; on le transcrit pour ne pas l'oublier, et on l'accompagne de notes pour en expliquer les sous-entendus.

Certes, ce n'est pas là l'histoire vue du grand côté, mais c'est le reflet des joies et des tristesses de tout un peuple ; c'est sa vie de chaque jour qui passe sous nos yeux ; nous lisons les nouvelles à mesure qu'elles arrivent ; nous partageons les émotions du public, et nous discutons avec lui les prévisions auxquelles il se livre. Ce sont des documents contemporains vrais et vivants ; c'est pour ainsi dire une conversation avec un Français du temps qui nous dit ses préoccupations et ses amusements, ses déceptions et ses espérances.

Commençons donc notre excursion ; allons à la cour aussi bien qu'à la ville, dans la bonne, peut-être aussi dans la mauvaise société, et tâchons de faire parler l'ancêtre aimable que nous interrogeons.

Il devait avoir des goûts quelque peu gaulois, à en juger par une série de nouvelles ou de pièces de vers qu'il a réunies dans les deux premiers volumes ; il y en a de tellement légères qu'on se demande avec inquiétude si nos arrière-grand'mères les chantaient telles quelles, et cependant il faut avouer que c'est bien probable, car on a eu soin d'en noter la musique. On tolérait alors des expressions, des plaisanteries qui ne sont plus admises aujourd'hui et qui n'avaient même pas l'esprit pour prétexte ou pour excuse ; on tolérait même le vice : les roués n'allaient pas seulement donner l'exemple de la dépravation, ils devaient s'en faire honneur ; et toute cette littérature, fort légère, n'était en somme que le reflet de mœurs déplorables. Notre génération est plus réservée; mais elle en a peut-être le droit; car elle est certainement plus morale.

Parmi les pièces qui composent les deux premiers volumes, il y en a qui remontent aux dernières années du xvii⁰ siècle; mais la plupart d'entre elles datent de 1700 à 1712.

La France traverse alors de bien rudes années : vaincue sur tous les champs de bataille, à Hochstædt, à Ramillies, à Oudenarde, épuisée d'hommes et d'argent, chargée de lourds impôts, décimée par l'hiver terrible de 1709, ne semble-t-il pas qu'elle va se laisser envahir par la tristesse et par le découragement? Eh! bien non, elle rit encore de son bon rire gaulois, et, ne pouvant faire mieux, elle met en chansons ses défaites; elle se venge d'un général maladroit par un sonnet satirique ou par une épître burlesque.

Pauvre Villeroy, les épigrammes pleuvent sur lui :

>   Villeroy, grand général,
>   Grand général en peinture,
>   Iroit au feu comme au bal,
>   S'il ne craignoit la brûlure.

On rit du baudrier qu'il porte encore, quoique la mode en soit passée depuis longtemps :

>   Ce n'est pas la mine
>   Qui fait le guerrier,
>   Ni l'étoffe fine
>   De son baudrier;
>   Le diable l'emporte
>   Et nous rende le bossu.

Le bossu, c'était le maréchal de Luxembourg, dont on avait dit :

> Il a laissé son âme à Dieu,
> Mais on doute qu'il la prenne,
> Sortant d'un aussi vilain lieu.

Le roi seul fut indulgent pour Villeroy, quand il l'accueillit par ces mots : « Monsieur le maréchal, on n'est « pas heureux à notre âge. » La fortune aime la jeunesse, et Bonaparte n'a-t-il pas dit : « Il est presque « indispensable d'être jeune pour commander une ar- « mée; il faut pour cette tâche éminente tant de bon- « heur, d'audace et d'orgueil ! » De tout cela, Villeroy n'avait que l'orgueil.

Les efforts de la France et de son roi devaient être récompensés; un esprit d'enthousiasme saisit la nation, dit Voltaire, et bientôt reviennent les joies de la victoire; on célèbre les succès en vers et en prose. Quand le duc de Vendôme triompha du prince Eugène à Cassano, bien des chansons furent composées en son honneur; mais après la bataille de Villaviciosa qui assura le trône d'Espagne au petit-fils de Louis XIV, les esprits semblent en délire. On avait été si longtemps malheureux ! Les quatrains, les odes, les refrains répètent à l'envi le nom du vainqueur; on exalte non seulement les qualités du grand capitaine, mais aussi les vertus de l'homme, et pourtant on sait ce qu'était M. de Vendôme, étalant ses vices avec une si superbe indifférence.

Le maréchal de Villars, après la bataille de Denain qui sauva la France, ne fut pas moins acclamé; que de pages lui sont consacrées dans notre recueil :

> Villars sur l'Escaut bourbeux
> Se moqua bien d'eux;
> Car il le passa
> Au gay.

De tous côtés, on lui écrit; la communauté des religieuses de Saint-André lui envoie une paire de jarretières, et accompagne son présent d'une lettre en vers :

> Anne et l'Angleterre entière
> Ne sauraient au gré de nos vœux
> T'offrir qu'une jarretière,
> Et nous voulons t'en donner deux.

Ici et là, on raille un peu sa vanité ; mais tout est emporté par le torrent de joie qui remplit les cœurs, quand la paix est signée :

> V iens jouir du repos que la valeur procure,
> I nébranlable appui d'un royaume éperdu ;
> L a paix que ta sagesse à jamais nous assure
> L e rend plus glorieux qu'il n'était abattu ;
> A rrêter l'ennemi, relever le vaincu,
> R emporter en tous lieux une gloire immortelle
> S ont les faits de Villars, des héros le modèle.

Lorsque l'Académie française lui ouvre ses portes, on félicite le maréchal ; on félicite aussi l'Académie ; mais on aime déjà à la blâmer. Tantôt on trouve qu'elle choisit trop au-dessus d'elle :

> Voir Villars avec des pédants,
> C'est pis qu'Hercule aux pieds d'Omphale.

Et ce quatrain, lors de l'élection du maréchal d'Estrées :

> D'Estrées est à l'Académie.
> Quoi donc ! prend-on pour des chevaux
> Quarante roussins d'Arcadie
> De leur donner des maréchaux ?

Tantôt on lui reproche le défaut contraire : quand est nommé le Père Chamillard, frère du contrôleur des finances, on s'écrie :

> Était-elle donc endormie
> Jouait-elle à colin-maillard,
> La malheureuse Académie
> Quand elle a pris Jean Chamillard?

La tradition ne s'est pas perdue, et cette guerre d'épigrammes qu'on a faite à l'Académie, forte de sa jeunesse, on la fait à l'Académie, forte de son passé; elle n'en souffre guère, et se porte bien, très bien même.

La réponse de l'abbé de Caumartin au discours de l'évêque de Noyon, fait repasser devant nos yeux toute cette affaire que Saint-Simon raconte avec sa verve habituelle¹. Le Roi, pour se distraire, imposa presque à l'Académie française l'élection de cet évêque plein de vanité; le très spirituel abbé se perdit pour avoir dépassé la mesure du divertissement que s'était proposé le Roi.

Et la querelle des anciens et des modernes, combien elle a passionné les esprits! Les meilleurs pourtant, tiennent pour les anciens. On poursuit de quolibets Houdart de Lamotte qui a traduit l'*Iliade* sans savoir le grec, et qui préfère son œuvre à l'original :

> D'un traducteur la ridicule audace
> Veut dégrader l'auteur des combats d'Ilion;
> Il dit que c'est un sot dans sa longue préface
> Et nous le montre tel dans sa traduction.

Lisez aussi les lettres si fines du P. Buffier à la marquise de Lambert, au sujet de cette discussion célèbre où Mme Dacier défend Homère avec tant de vivacité. Aujourd'hui la polémique s'est transformée : on ne disserte plus sur les beautés de l'*Iliade;* on met en cause l'existence même de son auteur.

Nous avons encore des contes, des épîtres, des piè-

---

1. Voir Saint-Simon, *Mémoires*, tome Ier, p. 203 et s. Édition Chéruel et Regnier.

ces de vers de La Fontaine, de Boileau, de J. B. Rousseau, de Saint-Evremond, de l'abbé de Chaulieu, de La Fare, une amusante correspondance entre Fontenelle et Mlle de Launay sur l'Esprit qui hantait la chambre de Mlle Testard; ces lettres sont fort jolies; celles de Mlle de Launay coururent les salons, et la rendirent célèbre parmi les beaux esprits.

Tout cela forme le journal de l'époque dont chacun fait les frais : c'est la mode d'écrire, et souvent, de fort bien écrire. Les princes et les princesses échangent des bouts rimés, des lettres qui ne sont pas toujours d'un goût parfait, témoin les vers de Madame la Duchesse à la princesse de Conti; les deux sœurs s'étant querellées chez le Roi [1], s'appellent *sac à vin* et *sac à guenilles*, et Madame la Duchesse qui a de l'esprit se venge par un quatrain qui remplit de confusion la pauvre princesse.

La chanson, en passant, touche de son aile les plus grands personnages; nul n'est à l'abri de ses coups :
Le Roi lui-même;

> Quel funeste dessein d'obliger tes sujets
> A crier victoire et famine!

L'archevêque de Paris qui veut défendre les bals;
Les Princes légitimés;
Le Président de Harlay, si généralement détesté;
Les femmes de la Cour qu'un long *Noël* prend à partie l'une après l'autre, et qui n'y sont pas plus ménagées d'ailleurs, que dans les réflexions ajoutées en marge par notre collectionneur;
M. de Chauvelin, avocat à la Cour des Aides, qui a reçu le cordon bleu :

---

[1]. Voir Saint-Simon, *Mémoires*; tome Ier, p. 285. Edit. Chéruel et Regnier.

> Vous autres qui admirez tant
> L'éclat d'un si bel ornement
> Vendu quatre cent mille francs,
> Prions le ciel qu'il nous délivre
> D'avoir jamais la tentation
> D'acheter si cher un cordon.

Le financier Crozat, qui devint prodigieusement riche et dont la fille épousa un des fils du duc de Bouillon : le gentilhomme *sauta le bâton de la mésalliance* pour le *petit lingot d'or*, comme Mme de Bouillon appelait sa belle-fille ;

La Compagnie de Jésus, toujours si violemment attaquée, et à propos de laquelle on parodie le décalogue de la manière suivante :

> Les jésuites honoreras
> Et aimeras uniquement;
> . . . .
> Du bien d'autrui tu garderas
> De quoi vivre commodément;
> . . . .
> Par calomnie te défendras
> Si tu ne le peux autrement;
> . . . .
> Jansénistes détesteras
> Sans savoir pourquoi ni comment;
> Aux bons pères découvriras
> Tes affaires confidemment;
> Décimes tu leur donneras
> De tes biens annuellement;
> En mourant, tu leur laisseras
> Le reste par testament.

Tout cela est amusant, plein d'un esprit frondeur et peu respectueux, mais en somme bien français.

---

1. Outre de nombreuses pièces de vers adressées à Mme Crozat, nous avons deux épîtres de l'abbé Le François à Mlle Crozat, pour lui dédier le traité de géographie connu sous son nom.

Un nombre considérable de portraits gravés sont intercalés çà et là dans notre recueil ; il y en a plus d'une centaine dans les huit volumes ; ils représentent tantôt l'un des auteurs cités, tantôt le personnage qu'on célèbre ou celui qu'on plaisante : le héros ou la fable du jour.

Ces gravures n'ont pas, à vrai dire, une grande valeur artistique ; les plus intéressantes sont : *les Portraits de la Cour qui se vendent chez Bonnard, au Coq* [1] ; ce sont malheureusement les moins nombreuses.

Leur énumération serait trop longue, on peut cependant en citer çà et là quelques-unes ; ainsi, en tête des III⁰ et IV⁰ volumes, se trouvent les portraits de Louis XIV et de Marie-Thérèse, gravures médiocres de Desrochers, mais qui ont ce cachet solennel de tout ce qui se rapporte au grand roi.

Ce même caractère imposant — qui va disparaître si vite, emporté par la réaction de la Régence — se retrouve également dans une grande estampe qui *ce vend à Paris, chez Gaillard, M⁰ peintre, rue de Gesvre, vis-à-vis le Grand Chastelet*. Cette pièce n'existe pas à la Bibliothèque Nationale dans la collection Fontette ; mais un exemplaire s'en trouve dans la collection Hennin (année 1716). Elle est intitulée « L'apotéose de Louis XIIII « et les heureux prémices du règne de Louis quinze ». Suivant une mode très répandue à cette époque, des numéros gravés près des principaux personnages renvoient à une légende où l'artiste explique sa pensée que l'abus de l'allégorie rendait trop souvent difficile à saisir. Voici cette légende :

Le Temps enlève Louis XIIII dans le ciel. Jupiter qui préside avec Junon son épouse le reçoit au nombre des Dieux. Philippes

---

[1]. Voir aux Estampes la *Collection Bonnard*, relative aux costumes du règne de Louis XIV.

d'Orléans prend de la main du Roy deffunt le gouvernail de l'Etat figuré par ce navire dans lequel vous voiés les Vertus travailler à l'envi sous les ordres de ce grand Prince qui commande au nom de Louis XV, qu'il tient par la main. La France est à côté, et la Paix ensuite qui paroissent être en bonne union; Dieu les y maintienne! Zéphir enfle les voiles d'un vent favorable, l'Amour des peuples conduit le vaisseau ; Apollon fend les nues et dissipe les brouillarts que de mauvais Génies se plaisent à répandre dans les Royaumes pour en troubler l'ordre et la conduite. La Renommée publie partout les qualités merveileuses du Duc d'Orléans, les bonnes intentions qu'il a pour le Peuple, et les soins extraordinaires qu'il se donne pour le soulager.....

Ces flatteries à l'égard du Régent vont abonder partout, dans les gravures, dans les chansons; mais il est rare de les trouver jointes à l'éloge de Louis XIV; la réaction contre le dernier règne se fit sentir avec brutalité, et tous les panégyriques que contient notre recueil portent déjà un cachet froid et officiel, bien que se rattachant tous aux trois ou quatre mois qui suivirent la mort du souverain : c'est l'archevêque de Paris, Louis-Antoine de Noailles, qui ordonne des prières pour le repos de l'âme du feu Roi; c'est l'évêque de Castres, Messire Honoré de Quiqueran de Beaujeu, qui prononce l'oraison funèbre en l'abbaye de Saint-Denys, pendant que l'évêque d'Alet remplit le même devoir à Notre-Dame; c'est l'Académie française qui, par la voix de Houdar de la Motte, rend hommage à son auguste protecteur.

Toutes ces louanges outrées ne rendent pas l'impression vraie du moment; ce n'étaient pas des regrets qui se faisaient entendre; c'était, d'un bout à l'autre du royaume, un soupir de soulagement. La joie du peuple insulta le convoi de Louis XIV par des farces grotesques. Le Régent laissa outrager la mémoire de son oncle, et lorsque le lieutenant de police, M. d'Argenson, tout ému des discours qui se tenaient dans le public, vint le trouver pour lui demander des ordres : « Vous « n'y entendez rien, lui dit-il ; il faut payer les dettes « du défunt, et tous ces gens-là se tairont »[1].

Il y avait cependant lieu de s'émouvoir ; car tout Paris était rempli de satires et de libelles d'une violence extraordinaire ; notre collectionneur en a inséré quelques-uns dans son journal, et, bien qu'ils aient été, pour la plupart, publiés dans le Chansonnier historique de M. Raunié, je ne résiste pas au désir d'en donner une idée par les échantillons suivants, bien connus d'ailleurs :

> Ci gît le prince des impôts ;
> Toute la France en est ravie.
> Dieu lui donne paix et repos
> Qu'il nous ôta pendant sa vie.

Ou encore :

> Louis est mort ; mais tel qu'il fut
> Sa mort enfin le justifie ;
> Car tout ainsi que le Messie
> Il est mort pour notre salut.

Il eût été facile de citer d'autres chansons plus injurieuses et plus grossières ; mais on peut se contenter de celles-ci dont la facture est spirituelle et qui n'en sont que plus mordantes.

Le duc d'Orléans, insouciant par nature, tolérant par système, laissait tout dire ; d'ailleurs il était animé contre le gouvernement précédent des mêmes passions que le peuple. Il fit cependant jeter à la Bastille le jeune Arouet, auquel on attribuait la fameuse pièce dirigée contre le règne de Louis XIV, et intitulée : *Tristes et lugubres objets* :

---

1. *Journal de Marais*, édit. Lescure, tome I, page 204.

> J'ai vu la Bastille et Vincennes
> . . . .
> J'ai vu le peuple gémissant
> . . . .
> J'ai vu ces maux et je n'ai pas vingt ans.

Voltaire demeura un peu moins d'une année en prison; il recouvra sa liberté sur la demande qu'il en adressa au Régent : « Monseigneur, lui dit-il, je remer-
« cie V. A. R. de vouloir bien continuer à se charger de
« ma nourriture; mais je la prie de ne plus se charger de
« mon logement. »

Pendant quelque temps, la personne du duc d'Orléans fut l'objet de toutes les adulations. La servilité des hommes est, sauf quelques nuances, toujours la même :
« Je voyais, dit le duc d'Antin dans ses Mémoires, je
« voyais tout le monde courir au soleil levant. » Chansonniers et poètes rivalisent d'ardeur :

> Vous êtes, grand Prince, à la France
> Ce que Titus fut aux Romains.
> Tous vos talents nous sont propices
> Nous jouissons de vos vertus.
> Vous êtes notre amour, vous êtes nos délices
> Et vous êtes cent fois plus chéri que Titus.

Ce n'est pas assez que la flatterie s'étale ainsi dans ces stances; elle se glisse même dans l'*Approbation*, c'est-à-dire dans l'attestation donnée par un censeur et au vu de laquelle était accordé le permis d'imprimer.

Cette approbation est ainsi conçue :

> L'éloge qu'on fait ici du Grand Prince qui nous gouverne est un tribut de reconnaissance qu'on lui doit. La vérité qu'on y trouve partout fait presque disparaître l'art et la délicatesse qu'on y emploie. Enfin *la flatterie y a si peu de part* qu'on ne peut s'empêcher d'estimer l'ouvrage et d'y souscrire.

Voici les mêmes sentiments exposés dans un style moins pompeux :

> Dialogue de paysans
>
> Qu'est-il c'tilà qu'est not' Régent?
> C'est Monsieur le duc d'Orléans.
> . . . .
> L'en dit qu'il ne veut point d' ces gens
> Dont tous les gros appointements
> Réduisions notre village
> A n'avoir plus que du fromage;
> Il veut que je soyons traités
> Comme des gens de qualité;
> . . . .
> Enfin l'en dit que nous serons
> Ni plus ni moins com' des poissons
> Dans l'iau. . . . . . .

Ces citations pourraient être multipliées; car la Régence est une des époques où l'on fit le plus de chansons, et notre recueil en contient un grand nombre. En le parcourant, on suit le mouvement des esprits; après les ovations officielles faites au duc d'Orléans, voici venir les attaques les plus injurieuses contre lui et contre la cour.

Quelle indépendance de jugement, quelle liberté de parole dans tous ces petits pamphlets :

Le *Catalogue des livres nouveaux,* où chaque titre d'ouvrage est une satire dirigée contre un personnage connu;

Les *Logements,* où grands seigneurs et grandes dames sont logés à ce qu'on peut appeler une mauvaise enseigne;

La liste des *Vins de la Cour:* le Roi, vin nouveau; le Régent, vin diabolique; Mme de Parabère, vin de commerce; le Peuple, vin sous le pressoir; etc., etc.

On peut mesurer la force et la durée des préoccupations de l'opinion publique au nombre des documents se rapportant à un même fait. Quand il s'agit d'un événement considérable, ce ne sont plus seulement des notes manuscrites, ce sont encore des plaquettes, des brochures tout entières, des gravures; c'est quelquefois le sujet principal d'un almanach.

L'almanach de 1717 [1], par exemple, ou plutôt la grande estampe qui l'orne, représente une séance de la Chambre de justice établie par édit du 12 mars 1716 pour « punir le vice, abolir l'usure, et faire régner « l'abondance et la paix. » On ne peut pas dire qu'on y reconnaît — car tous les types sont à peu de chose près les mêmes — mais on y voit le chancelier de France, M. Voisin, MM. de Lamoignon et Portail, présidents en la Cour de Parlement, MM. de Machault, de Maupeou, Amelot de Chaillou, d'Ormesson, maistres des requêtes de l'Hôstel, et bien d'autres dont les noms et qualités nous sont donnés d'après le procédé, déjà décrit, de renvoi par numéros à une légende. En bas, à droite, la figure de la Justice terrasse un usurier et, dans un cartouche, on lit le nom de divers malfaiteurs punis par la Chambre de justice; par exemple :

Antoine Dubout, directeur des boucheries d'armée, pour avoir donné aux troupes des viandes mortes et gastées, condamné à faire amende honorable à Paris, en 50,000 livres d'amende et banni.

Juste au-dessus du calendrier se trouve une petite image allégorique que Lemontey [2] n'hésite pas à qualifier d'abominable; c'est un pressoir sur lequel sont

---

1. Voir *Collection Hennin* (volume des années 1716-1719).
2. *Histoire de la Régence*, tome I, p. 66.

assises la Justice et la Mort; autour de la vis, une légende : *Rendez à César ce qui appartient à César ;* et sous le plateau, des corps humains qui laissent échapper l'or de leurs membres écrasés; dans le lointain, la Bastille; à droite et à gauche des groupes de population qui semblent approuver; en dessous on lit les vers suivants :

> Il faut rendre, il faut rendre avec gémissement
> Le sang que tes impôts ont exprimé des veines
> Du clergé, du marchand, du noble et paysan,
> Et payer par tes maux l'intérêt de leurs peines.

Tout ceci a révolté l'historien de la Régence; d'ailleurs il perd tout son calme en parlant des Chambres de justice; il les appelle « des creusets brûlants où des classes d'hommes sont jetées pêle-mêle ».

En parlant ainsi, Lemontey ne se faisait-il pas l'écho des réclamations élevées par le Parlement, qui voyait dans la création de la Chambre nouvelle une atteinte à ses priviléges judiciaires? Quoiqu'il en soit, et malgré les efforts d'hommes intègres comme Rouillé-Ducoudray, elle fut vite décriée, et elle ne put atteindre le but qu'elle s'était proposé; un an après sa création, elle fut supprimée, comme nous l'apprend le billet suivant :

Vous êtes priés, de la part de Monseigneur le Chancelier, d'assister au convoi et enterrement de haute et puissante dame, Madame la Chambre de Justice, qui se feront lundi 22 mars 1717 dans la salle des R. P. Augustins du Grand Couvent, où elle sera inhumée.....

De quoi ne riait-on pas?

Le peuple qui, d'abord, avait béni le Régent de vouloir punir les traitants et les maltôtiers, s'aperçut bientôt qu'il ne tirait aucun profit de leur abaissement :

> A quoi nous sert le châtiment de ces misérables? disait-il, nous les avons enrichis; ils étaient contents; maintenant, on va leur donner des successeurs affamés de notre substance, il faudra les enrichir de même [1].....

Le mécontentement général se traduisait par des chansons comme celle-ci :

> Cette affreuse inquisition
> Condamne sans distinction
> Avec le fripon l'honnête homme ;
> Devant ces messieurs, c'est tout comme ;
> On n'est criminel à présent
> Qu'autant qu'on nous sait de l'argent.

Le fait est que la misère et le déficit augmentaient tous les jours; les moyens qu'on employa, tels que la réduction des rentes ou la suppression de certaines charges inutiles, ne furent que des palliatifs insuffisants ; et le duc de Noailles, malgré sa bonne volonté, ne pouvait venir à bout d'une situation qui empirait chaque jour.

C'est alors qu'apparaît le grand événement de la Régence : le duc d'Orléans écoute les propositions de Law et donne toute sa confiance à ce hardi novateur. « Le Système » comme l'ont appelé les contemporains, fut la préoccupation dominante des années 1718, 1719 et 1720 ; aussi, deux des volumes de notre recueil sont-ils remplis de brochures, de chansons, de lettres, de gravures qui, toutes, se rapportent aux entreprises nouvelles.

---

1. *Mémoires de la Régence*, (Amsterdam 1749) tome Ier, p. 87.

> Aujourd'hui, il n'est plus question
> De parler de constitution
> Ni de guerre contre l'Espagne ;
> Un nouveau pays de Cocagne
> Que l'on nomme Mississipi
> Roule à présent sur le tapis.

Au début, c'est l'enthousiasme, c'est l'engouement irréfléchi de ce public parisien toujours badaud ; la fortune extraordinaire de Law semble présager un succès des plus brillants ; sa banque particulière devient Banque royale ; elle obtient la ferme des tabacs, plus tard la fabrication des monnaies. Elle crée la Compagnie d'Occident et la Compagnie des Indes, elle obtient des priviléges et des monopoles. Des estampes répandues à profusion représentent l'arrivée des Français à la Louisiane et au Mississipi ; la légende promet monts et merveilles ; voici la description qu'elle donne de ces heureux pays :

> On y voit des montagnes remplies d'or, d'argent, de cuivre, de plomb, de vif-argent. Comme ces métaux sont très communs, et que les sauvages n'en soupçonnent pas la valeur, ils troquent des morceaux d'or et d'argent pour des marchandises d'Europe, comme couteaux, marmites, broches, un petit miroir, ou même un peu d'eau-de-vie.

Les imaginations s'exaltent ; les actions s'enlèvent à des prix exorbitants ; le papier fait prime : on achète 10,000 livres d'effets royaux pour 11,000 livres en or Law commence à être une sorte de magicien, disposant d'un pouvoir mystérieux ; ses *promesses* de banque circulent partout :

> Il a fait des petits billets
> Qui sont parfaitement bien faits
> Avec des petites dentelles,
> Ce ne sont point des bagatelles ;

> Il sait parfaitement tirer
> La quintessence du papier.
> . . . .
> Passez par la rue Quincampoix
> . . . .

On pense bien que cette rue devenue vite célèbre figure plusieurs fois dans les estampes de notre recueil; la voici qui orne l'Almanach bien connu de l'année 1720, dit l'*Almanach de la fortune;* d'après une mention écrite à la main sur l'exemplaire de la Bibliothèque Nationale (Collect. Fontette), cette pièce, quoique imprimée avec privilége, fut supprimée, et vendue ensuite jusqu'à un écu.

Voici une gravure hollandaise [1] : *Straat van Quinquempoix tot Parys;* la foule s'y presse, s'y dispute, et au premier plan, on remarque le fameux petit bossu qui, dit-on, trouva le moyen de gagner plus de 50,000 livres avec sa bosse : *elle était en pente douce, à peu près comme un pupitre,* et il la prêtait pour une légère rétribution à ceux qui voulaient écrire ou signer quelque contrat.

Ce qui parut alors en Hollande de gravures et de caricatures est considérable, et notre VIIe volume en contient une soixantaine. Presque toutes se rapportent à la décadence et à la ruine du Système; le sens allégorique est expliqué par des légendes rédigées en hollandais : c'est le commerce du vent, Wind Negotie; c'est Arlequin qui, armé d'un soufflet, gonfle des vessies; c'est Icare ou bien Phaéton qui sont précipités des hauteurs où ils avaient espéré s'élever; c'est la tour de Babel; ce sont des châteaux bâtis sur des nuages. En un mot, c'est le désappointement, l'irritation de l'homme victime de ses illusions.

---

1. Voir *Collection Hennin* (vol. 1720).

Les artistes qui gravaient ces estampes et qui se gardaient, en général, d'y laisser leurs noms, traduisaient souvent avec grossièreté la pensée qu'ils voulaient exprimer; mais, par contre, ils s'inspiraient quelquefois d'un tableau célèbre : une nymphe et un satyre de Coypel vont devenir avec quelques modifications : *La déesse de l'argent courtisée par le Prince des actions*. Voici deux compositions intitulées : *L'illusion qui dirige la corporation des Actionnistes, peignant le Mississipi* et *La Compagnie du Mississipi se plaignant de ses désastres*. Dans son Inventaire de la Collection Hennin [1] (n°s 7819 et 7821), M. G. Duplessis nous apprend que ces eaux-fortes sont des copies en contrepartie d'estampes gravées dans « Le Cabinet des Beaux-Arts; » la première, par Audran, représentant la Peinture; la seconde, par P. Le Pautre, représentant la Poésie.

Quelquefois ces gravures imprimées en Hollande portent des mentions rédigées en français, dont l'orthographe bizarre prouve bien l'origine étrangère; ainsi une planche [2] représente le café d'Amsterdam où se négociaient les actions; au bas, on lit sur une banderolle :
« Tous eux qui veine iseis sont ataques de la malades
« de perdre lesprei. »

Toutes ces plaisanteries amusaient parce qu'elles répondaient aux préoccupations du moment; les auteurs

---

1. On retrouve dans la *Collection Hennin* un grand nombre des gravures de notre recueil; mais il faut consulter aussi un curieux ouvrage hollandais intitulé : *Her Groote tafereel der Dwaasheid....*, etc., c'est-à-dire le grand tableau de la folie représentant l'origine, le progrès et le discrédit des actions et du commerce chimérique qui furent en vogue en France, en Angleterre et dans les Pays-Bas en 1720.... avec des estampes, des comédies et des poëmes, publiés par différents amateurs pour flétrir cet exécrable et frauduleux commerce, par lequel plusieurs personnes de haute et basse condition ont été ruinées dans cette année. Imprimé pour l'avertissement de la postérité dans cette fatale année 1720.

2. Voir l'ouvrage hollandais cité ci-dessus : *Her Groote Tafereel...*

des différents journaux de la Régence ne manquent pas d'en parler ; voici ce que dit Buvat [1] à la date de mai 1720 :

> Le s[r] Picart [2], fameux graveur établi depuis plusieurs années en Hollande, a mis au jour une estampe [3] de son invention, dont le dessin est des plus ingénieux, laquelle a pour titre : Monument consacré à la postérité en mémoire de la folie incroyable de la 20⁰ année du 18⁰ siècle. La fortune des actions de la Compagnie des Indes, établie à Paris, y paraît sur un char conduit par la folie et tiré par les principales compagnies qui ont donné commencement à ce négoce pernicieux, comme celle du Mississipi ayant une jambe de bois, celle du Sud ayant une jambe bandée et un emplâtre appliqué sur l'autre jambe. Les agents de ce commerce font tourner les roues du char, ayant des queues de renard pour marquer leur finesse et leur ruse ; sur les rais de la roue, on voit ces compagnies tantôt s'élever et tantôt s'abaisser ; le véritable commerce y parait renversé avec ses livres et ses marchandises, et presque écrasé sous les roues de ce char. Une foule de personnes de toute condition et de tout sexe courent après la fortune pour tâcher d'avoir des actions......

Avoir des actions, oui, ce fut là pendant quelque temps l'ambition de tous les Mississipiens, comme on appelait alors les agioteurs, mais malheur à ceux qui ne surent pas s'en débarrasser à temps ! Ecoutez plutôt Barbier qui, dans son journal [4], écrit tristement au début de l'année 1721 :

> Cette année est bien différente de l'autre pour tout le monde et pour moi en particulier. J'avais en janvier pour soixante mille livres d'effets en papier, à la vérité imaginaires, mais qu'il ne tenait qu'à moi de réaliser en argent, ce que je n'ai eu ni l'esprit ni

---

1. Edit. Campardon, t. II, p. 81.
2. Il y avait à cette époque deux graveurs de ce nom : 1° Etienne Picart dit le Romain, né à Paris en 1631, mort à Amsterdam en 1721 ; 2° son fils Bernard Picart, né à Paris en 1663 et mort en 1733, également à Amsterdam.
3. Voir *Collection Hennin* (vol. 1720).
4. Edit. Charpentier, t. I, p. 98.

le bon sens de faire, et tout cela est tombé à rien, de manière que je n'ai pas aujourd'hui de quoi donner les étrennes aux domestiques, et cela, sans avoir joué ni perdu.

Barbier n'était pas le seul qui fût atteint par la ruine ; c'était une déroute générale ; le vacarme fut épouvantable, dit Saint-Simon ; les cris furent universels, dit Duclos, et la colère publique ne se traduisit pas seulement par des railleries cruelles, comme le « Véritable portrait « du très fameux seigneur messire Quinquenpoix [1] », mais même par des violences dans la rue. Une de nos gravures [2] représente l'épisode fameux du carrosse de Law arrêté par la foule, et « réduit en cannelle » ; le financier s'écrie : « Je ne le ferai plus ». Il était trop tard ; le mal était irrémédiable ; aussi fit-on pleuvoir un déluge de malédictions sur l'ancien contrôleur-général, ainsi que sur le duc d'Orléans qui l'avait toujours protégé ; l'enthousiasme des premiers jours avait disparu à tout jamais.

Il faut avouer d'ailleurs que la misère était profonde ; on dressa l'*Etat général des dettes de l'Etat* [3], et on arriva à un total effrayant ; l'argent se cachait ; le travail cessait partout, et au moment où la rareté des denrées commençait à inquiéter même les familles riches, on apprit que des accaparements considérables venaient d'être découverts. Voici ce que nous raconte à ce sujet Buvat dans son journal [4] :

---

1. Voir cette gravure dans la *Collection Hennin* (vol. 1720), p. 30 et 31.
2. Voir *Collection Hennin* (vol. 1720), p. 25.
3. Cet *Etat général des dettes de l'Etat* (Paris, 1720) se trouve dans notre recueil ; il est cité par M. Ad. Vuitry dans son intéressant ouvrage intitulé : *Le désordre des finances et les excès de la spéculation à la fin du règne de Louis XIV et au commencement du règne de Louis XV*; (Paris, Lévy, 1885), p. 194, note 2 ; voir aussi *Mémoires de la Régence*; (Amsterdam, 1749), t. IV, p. 177.
4. Edit. Campardon, Paris, 1865, t. II, p. 209.

> Les maîtres et gardes ou jurés de la communauté des marchands épiciers de cette ville de Paris, accompagnés d'un commissaire du Châtelet et de plusieurs archers, se transportèrent au grand couvent des Augustins, où ils saisirent quantité de marchandises qui y étaient en dépôt dans le lieu même où se tenait la Chambre Royale, comme sucres, savons, toutes sortes d'épiceries, cires, suifs, bougies, chandelles, étains, plombs, cuivres, cuirs, charbons de terre, et 150 pipes d'eau-de-vie, le tout appartenant, disait-on, à M. le duc de la Force, sous divers noms empruntés.

C'était bien lui en effet l'accapareur; l'ancien vice-président du Conseil des Finances dut être cité devant le Parlement; il publia pour sa défense de longues et nombreuses observations qui figurent dans notre collection, et auxquelles sont joints des factums pour les « jurés fayanciers, marchands merciers » ou « apothicaires épiciers ».

Dans son *Journal de la Régence,* Marais nous parle de tous ces mémoires et de ceux que les partisans du duc de la Force adressaient au roi pour empêcher que le Parlement ne procédât contre un pair sans commission particulière [1]. Il nous raconte aussi que :

> On a fait graver une figure qui représente un crocheteur courbé sous le poids de plusieurs ballots, d'où sortent de la cire, du café, et autres marchandises, et on a mis au bas : Admirez la Force [2].

Le chroniqueur ajoute : « J'ai cette gravure. » Elle se trouve aussi dans notre recueil. Ce rapprochement ne permet-il pas de se demander si le collectionneur dont le nom nous est encore inconnu ne serait pas l'auteur de l'un des journaux de la Régence? Peut-être se plaisait-il à réunir les documents d'une histoire dont il

---

1. Marais, *Journal de la Régence,* Edit. Lescure, tome II, p. 97.
2. *Id.*, tome II, p. 68 et 69.

consignait les faits par écrit et dont il formait ainsi une sorte de commentaire illustré. Rien n'empêche de le croire ; mais rien non plus ne permet de l'affirmer.

L'année 1720 n'avait pas été marquée seulement par les désastres financiers du Système ; c'est à cette même époque que le midi de la France fut désolé par la terrible peste qui fit tant de victimes, particulièrement à Marseille. Entre autres documents qui s'y rapportent, on peut signaler dans notre recueil une gravure d'exécution grossière, dont j'ai retrouvé seulement des similaires aux Estampes de la Bibliothèque Nationale [1] ; elle représente M. Chicoyneau, chancelier de l'Université de Montpellier ; il est vêtu d'une longue robe de *maroquin de levant;* la tête est enveloppée d'un masque dont *les yeux sont de cristal,* et dont le nez, allongé en forme de bec d'oiseau, est *rempli de parfums.* Est-ce une caricature? On serait tenté de le croire au premier abord, et ce nom plaisant de Chicoyneau fait penser à Racine ou à Molière ; il est cependant historique, et il mériterait d'être moins inconnu ; car c'est celui d'un médecin que le duc d'Orléans envoya pour porter secours aux malheureux pestiférés, et qui montra un courage remarquable ; il prodigua aux habitants des soins et des consolations ; il approchait les malades avec sang-froid, sans répugnance et sans aucune des précautions qu'indique plaisamment la gravure.

Ce fut cependant, si l'on en croit une relation du chevalier d'Antrechaus [2], un usage constamment pratiqué par toutes les personnes employées au service des pestiférés d'humecter leurs mouchoirs de vinaigre ou de quelque eau spiritueuse et de s'en boucher le nez pour ne point respirer de mauvaises odeurs. Notre recueil

---

1. Voir *Collection Fontette* et *Collection Hennin* (année 1720).
2. Voir *Pièces historiques sur la peste de Marseille,* 2 vol., (Marseille, 1820).

contient un assez grand nombre de brochures qui recommandent contre la peste l'usage de drogues, les unes *fortes et caustiques*, les autres *suaves et douces*, toutes destinées à *détruire totalement les atomes et les corpuscules pestilentiels*. Un autre des médecins envoyés à Marseille, M. Fournier, déclare que l'emploi de ces compositions fut toujours dispendieux et inutile, quelquefois funeste, car, dit-il, plusieurs personnes succombèrent à la force et à la violence des parfums qu'on employa.

Aussi le Père Gauthier, de l'Oratoire [1], déclare-t-il que tous les moyens imaginés ne purent venir à bout d'un mal, dont on ne connaissait pas la nature, et il ajoute : « Pour moi, je crois qu'il n'y a que Dieu seul « qui puisse y remédier. » C'était aussi l'opinion de Monseigneur de Belzunce.

Tandis que la banque et la peste associaient leurs ravages, dit Lemontey dans son style pompeux [2], le Régent travaillait à conjurer un troisième fléau par la réconciliation avec l'Espagne. La paix allait en effet être signée, et, pour la cimenter, un double mariage fut décidé : celui de l'infante d'Espagne, fille de Philippe V, avec le roi Louis XV, et celui de Mademoiselle de Montpensier, fille du duc d'Orléans, avec le prince des Asturies. Comme nous le dit la légende d'une gravure [3] représentant celle qu'alors on croyait devoir être un jour la reine de France, les conventions furent lues et le cérémonial réglé en l'île des Faisans par les sieurs Dubois, secrétaire du Cabinet, et de la Roche, secrétaire de la Chambre du Roi d'Espagne; l'infante fut remise à M. le Prince de Rohan, à

---

1. Cité par Buvat, tome II, p. 168.
2. *Histoire de la Régence*, tom Ier, p. 418.
3. Gravure de Jollain.

Madame de Ventadour, et à sa suite; le 10 février 1722, la sérénissime infante partit pour Paris, accompagnée d'un grand cortége. Le 2 mars suivant, elle fit, ou plutôt on lui fit faire, — car elle n'avait pas encore quatre ans, — son entrée solennelle dans la ville de Paris, aux acclamations de tout le peuple; une estampe nous donne une idée de la fête et des magnifiques feux d'artifice qui furent tirés à cette occasion; une autre nous représente l'*Ordre et la marche du cortége* [1]. Enfin une *Lettre du Roy, écrite à Monseigneur le Cardinal de Noailles* [2] est jointe aux pièces précédentes; le jeune fiancé de douze ans s'y exprime avec un certain enthousiasme :

> Mon cousin, l'infante d'Espagne est arrivée dans ma cour, et j'en ay la joye la plus vive que mon cœur ait encore ressentie; mon mariage avec cette princesse réunira les deux branches descendues du Roy mon bisayeul, et par là je remplirai les plus doux souhaits que ce monarque eût pu former..... Je vous fais cette lettre de l'avis de mon oncle, le duc d'Orléans, régent, pour vous dire de faire chanter le *Te Deum* dans l'Eglise Métropolitaine de ma bonne ville de Paris, où mon intention est d'assister en personne le 12 de ce mois, à l'heure que le Grand-Maître ou le Maître des cérémonies vous dira de ma part.....

De nouvelles fêtes royales eurent lieu au mois d'octobre de cette même année 1722, non plus à Paris, mais à Reims, à l'occasion de la cérémonie du sacre; c'était devenu pour la nation et pour les étrangers un spectacle tout nouveau; car soixante-huit ans s'étaient écoulés depuis le sacre de Louis XIV; le concours des peuples fut prodigieux; *Reims se trouva rempli jusqu'aux toits*. Le Roi traversa la ville entre deux haies de troupes

---

[1]. Voir *Collection Fontette* (année 1722).
[2]. Cette plaquette est imprimée à Paris chez Jean-Baptiste Delespine, imprimeur libraire ordinaire du Roy MDCCXXII.

et entra dans l'Eglise métropolitaine, tendue sur une grande hauteur des tapisseries de la couronne. Dans le chœur, étaient rangés les pairs ecclésiastiques et laïques, les maréchaux, les secrétaires d'Etat et les grands officiers; entre les piliers, on avait dressé des tribunes pour les ambassadeurs et les personnes de distinction; un trône avait été établi sur le jubé, et le Roi s'y rendit, après avoir été sacré au grand autel.

Les relations du temps contiennent tous les détails de la cérémonie, et ces détails se retrouvent dans les estampes qui furent gravées alors pour rappeler le souvenir de cette fête imposante; la plupart *se vendent chez le S*ʳ *Demortain, marchand, sur le Pont Nostre-Dame* [1].

L'année 1722, plus calme et plus heureuse que les précédentes, vit cependant renaître les dissensions religieuses; on se remet à discuter avec âpreté l'affaire de la *Constitution;* on attaque les Jésuites avec une nouvelle ardeur, et on affirme, sans sourciller, que la Bulle Unigenitus est à la fois *obreptice et subreptice.* J'ai eu la bonne chance de trouver dans le Journal de Marais [2] l'explication de deux gravures [3] figurant dans notre recueil, et qui se rapportent à ces questions religieuses :

Les estampes satiriques deviennent à la mode. Il y en a deux sur la Constitution; l'une où l'on voit Jansénius, M. Arnaud et le P. Quesnel dans le ciel. Les rayons du Père Eternel passent au travers d'un verre ardent qui est entre les mains du P. Quesnel et qui va brûler la Constitution, tenue par un Icare que l'on voit trébucher. Dans un coin, il y a un petit morceau d'enfer d'où les vingt-quatre vieillards des Jésuites s'approchent avec Molina et les Pères Tellier, Dornin, Lallemant, Daniel, etc.; et à l'autre côté est l'enterrement du dernier pape dont le corps est porté par des cardinaux et des Jésuites. L'autre estampe représente des pas-

---

1. Voir *Collection Hennin* (années 1721-22), p. 37, 38.
2. Marais, *Journal de la Régence,* édit. Lescure, t. II, p. 175.
3. Voir *Collection Fontette,* année 1721.

teurs qui se battent avec des houlettes; et, pendant ce temps-là, les loups s'emparent des brebis. Le graveur de ces estampes a été arrêté et mené à la Bastille. C'est le s^r Jollain qui a été pris, mais il s'est trouvé qu'il était innocent, et un autre graveur a été à confesse se découvrir et porter la planche, ce qui a fait sortir Jollain de prison.

Le même *Journal de la Régence* nous explique encore une autre de nos gravures [1] : *La descente de M. d'Argenson aux Enfers*. Voici le passage tel que nous le donne Marais [2] dans son langage pittoresque; je prie le lecteur de vouloir bien en excuser la crudité :

On a gravé une estampe sur la mort de M. d'Argenson. Il y est représenté en robe longue de Garde des Sceaux, et avec une perruque très noire. Un diable avec une masse et un flambeau marche devant lui, et le mène aux trois juges d'Enfer. Un autre diable avec une masse le suit et lui donne des coups de pied au cul, et des coups de la masse pour le faire avancer; et un autre petit diable lui porte la queue de sa robe. Dans le fond, on voit sa bière renversée à coups de pierre par les harangères de la Halle. On le voit dans différents petits tableaux; tantôt assis avec des filles au devant de lui qui lui comptent de l'argent, avec ces mots : Contribution des filles de joie; tantôt en conversation avec des religieuses avec ce nom : Mme du Trainel. En un autre endroit, Law, qui a sur son visage un as de pique, habille la France, et l'Ombre la déshabille; et à côté, un diable avec ce titre : Faux Arrêt. Et dans un fond, on voit des roues et des potences, et deux hommes avec une torche au poing, faisant amende honorable, et leur nom au-dessus : Le Normand et Gruet, qui sont deux hommes qu'il protégeait et que la chambre de Justice avoit condamnés. Au bas, il y a l'Ombre inique condamnée par Minos, Eaque et Radamante. Cette estampe a été vendue publiquement, mais tout aussitôt supprimée avec des ordres très rigoureux. Voilà une vengeance publique qui ne lui fait pas grand mal.

J'avais annoncé une courte analyse, et je me suis

---

1. Voir *Collection Hennin* (vol. 1716-19).
2. *Marais*. Edition Lescure, t. II, p. 155.

laissé entraîner au-delà des limites que je m'étais assignées, mais ces recueils ou « sottisiers » comme on les a appelés, touchent à toutes les questions, grandes et petites d'une époque, et pour être complet, il faudrait refaire plusieurs pages d'histoire.

Je n'ai donc pas la prétention d'avoir tout dit : il fallait encore parler de ces curieux factums, sortis des presses clandestines de la duchesse du Maine et condamnés par arrêts du Parlement; il fallait décrire quelques beaux Almanachs, dont trois se rapportent à l'année 1724 [1]; il fallait citer plusieurs pièces de vers du *Régiment de la Calotte*, cette association burlesque qui commença sous Louis XIV, et se développa sous la Régence; le généralissime Aymon, interrogé par le Roi sur l'époque à laquelle il ferait défiler son régiment devant lui, répondit avec assurance : « Sire, il ne se trouverait plus personne pour le voir passer. » Il fallait encore..... parler de bien des choses; car les huit volumes de notre recueil sont une mine inépuisable.

Mais je m'arrête, et si j'ai été trop long, on voudra bien m'excuser : il y a tant d'attrait à rechercher dans l'histoire la trace de tous les événements qui nous ont faits ce que nous sommes aujourd'hui, à remonter le cours des idées et des sentiments dont les nôtres sont sortis. Placés sur un point du temps, entre le passé et l'avenir, nous avons besoin de vivre en pensée en deçà comme au delà de nous-mêmes. Qui voudrait rompre ce fil d'or du souvenir qui nous rattache à ce qui n'est plus?... Ne renions donc rien; sachons pardonner le mal; admirons le bien, et espérons le mieux puisqu'il faut toujours espérer.

M. DE FRÉVILLE.

Paris, avril 1888.

---

[1]. Voir l'ouvrage de M. Champier : *Les anciens almanachs illustrés*, Rouquette, éditeur.

www.ingramcontent.com/pod-product-compliance
Lightning Source LLC
LaVergne TN
LVHW050649090426
835512LV00007B/1111